chili verlag

Renate Folkers

# Spuren sichern

Ebenfalls im chiliverlag erschienen (Auswahl):
DEUS IUDEX MEUS, Ralf Seeger, Autobiographie
Lichtläufer, Gerwine Ogbuagu, Historischer Roman
suchtraum, Sandra Stubbe, Roman
Gatti – Katz'n, 21 krasse Katz'nstories
Kodex Rosebud, Hans-Jörg Kühne, Roman
Provozia, Ronald Zieger, Roman
Schwellenbrand, Helena Ende, Roman
Verstummung, Tier- und Naturschutzkrimis
Kammer der Tränen, Ingo-Maria Langen, Vatikanthriller
Tanze mit Raketenschuhen – Dance with Rocket Shoes, Alex Dreppec, Science-Slam Poetry
Polarisiert, Peter Bogardt, Roman
Wolkentänzer wiegen nichts, Anna Neocleous, Roman
Die Wirkung I., Rike Sauer, Roman,
Rückrufe, Fritz Deppert, Gedichte

1. Auflage März 2019

franchili / 72

Detaillierte bibliographische Daten sind unter http://dnb.ddb.de bei der Deutschen Nationalbibliographie abrufbar.
Gestaltung, Titel, Lektorat: chiliverlag
Autorenfoto Seite 128: Renate Folkers

Printed in Germany
ISBN 978-3-943292-74-9

EDITION avanti
www.chiliverlag.de

Renate Folkers

# Spuren sichern

EDITION avanti
chiliverlag

# Prolog

Die Intuition ist ein göttliches Geschenk,
der denkende Verstand ein treuer Diener.
Es ist paradox, dass wir heutzutage
angefangen haben, den Diener zu verehren
und die göttliche Gabe zu entweihen.

*Albert Einstein*

*Wenn die Zeit gekommen ist*
*soll man zu schreiben beginnen.*

*Renate Folkers*

*Dieses Büchlein sei den Menschen gewidmet,*
*die nicht verlernt haben, den Zauber*
*der schönen Dinge im Leben wahrzunehmen*
*und sich an ihnen zu freuen.*

*Die glücklichsten Momente*
*in meinem Leben*
*waren die,*
*als meine Kinder auf die Welt kamen.*

*Die beste Zeit meines Lebens ist*

*H e u t e.*

Texte,
geboren aus Impuls und Intuition.
Worte,
die nach konstruktivem Austausch mit dem
Verstand
die Ebene der Intuition verlassen
und sich entwickeln.
Der Weg ist das Ziel,
das Ergebnis
ein gefühlter Musenkuss

# Von Musen und anderen Schwebstoffen

Auf der Suche nach einer Antwort auf die Frage „Wann hat die Muse mich geküsst?" bin ich zu folgendem Ergebnis gekommen:

Aus der Antike wird die Vorstellung überliefert, dass das Denken nicht durch einen selbst geschieht, sondern von Musen eingegeben wird. Mit genialer, schöpferischer Kraft sollen sie den Maler, Schriftsteller oder Musiker inspirieren. Eine fantastische Fiktion.

Doch leben wir heute und nicht in der Antike, und der Gedanke, fremdgesteuert kommandiert zu werden, entspringt einer Welt, der ich gerade den Rücken gekehrt habe. Mir führt keine Muse einen Trichter in meinen Schädel ein!

Auch als ich vor Jahren zu schreiben begann, empfand ich nichts, das in diese Richtung zielte. Eine Muse, wie ich sie verstehe, ist vielleicht in meiner Nähe gewesen, aber geküsst? Nein! Das hätte ich gemerkt.

Zunächst war da ein Gedanke, die Idee, etwas festzuhalten, niederzuschreiben, um den Nachkommen aus meinem Leben zu überliefern, was interessant, prägend, noch lebendig und es wert ist, zu Papier gebracht zu werden. Immerhin könnte ich einige bedeutende Ereignisse aus über sechs Jahrzehnten gelebten Lebens enthüllen. Von Moderatem, Spießigem, von Achterbahn fahren, auf Wolken schweben oder im Unglück und in Dunkelheit sich befinden. Alles dabei, vergänglich und noch eingehüllt in den Mantel der Verschwiegenheit.

Als die Idee zu schreiben mich nicht mehr los ließ, öffnete ich den Schrank meiner Erinnerungen. Aus ihm bediente ich mich. Unsortiert plump, schulaufsatzmäßig ohne Schliff füllten Worte leere Blätter. Das hatte wenig mit Muse zu tun. Ich war meine eigene Inspirationsquelle.

Einlassen könnte ich mich auf die amüsante Interpretation, dass meine Muse eine gute Fee ist, die mich zu einer Leistung, die dem Schönen, nicht dem Unvollkommenen und Derben schmeichelt. Auf sanfte Weise verführt sie mich – musisch natürlich – ästhetisch und feinsinnig Worte zusammenzuführen. Und dann, glaube ich, küsst sie mich zuweilen. Wir werden eins und verschmelzen in dem, was neu entsteht.

In diese Gedanken verwoben stellt sich mir die Fragen: „Gibt es sie etwa doch noch, die Quellnymphen der griechischen Mythologie?" Ich glaube ja! Damals gesellten sie sich um Apoll, den Gott der Schönen Künste. Heute umspielen und inspirieren sie zur Zeit höchster Kreativität meine Sinne. Und dann – fühle ich mich von der Muse geküsst.

Mit dieser Interpretation stimme ich dem Sinn der archaischen Überlieferung voll zu.

Eine romantische Vorstellung.

# Liebe

## Die Liebe hat viele Gesichter

Geschichten von der Liebe oder was wir dafür halten.

Was die Liebe mit uns macht,
wo sie hinfällt und wen sie trifft.

Kaum ein Thema ist so spannend, so vielfältig, einschneidend oder auch vergänglich. Ob es sich um die Liebe zwischen Eltern und Kind, um die erste große Liebe im Leben oder um eine tiefe Verbundenheit zur Heimat handelt. Lawinen von Emotionen überrollen uns, haben uns fest im Griff.
Die Liebe verlangt uns etwas ab das wir oftmals nicht bedienen können oder wollen.

Was wird dann aus ihr und aus uns?

*Die Gewissheit, demnächst Großmutter zu werden beginnt mit einer Achterbahnfahrt der Sinne, die alle anderen Gefühle von Liebe und Freude in den Schatten stellt. Ein Taumel von Glückseligkeit hält dich in Schach.*

## Du kleines Wunder

Mit kaum spürbaren,
nur am Glanz der Augen deiner Mutter
erkennbaren Bewegungen
tummelst Du Dich
in dem Dich nährenden Leib,
trinkst von dem köstlichen Wasser
und wächst langsam heran.

Drehst scheu den Rücken zum Licht,
willst geliebt sein als Kind,
dein Geschlecht nicht verraten.

Stößt übermütig mit Ärmchen und Beinchen
von außen deutlich sichtbare –
und stets ein liebevolles Lächeln
deiner Mutter hervorrufend –
Beulen in den wunderschönen,
sich stark hervor wölbenden
Schwangerenbauch.

Du wirst gestreichelt, geliebt,
mit Musik beschallt,
bist erwünscht und willkommen.

*Wenn beide Mädels gleichzeitig schwanger sind und die Geburtstermine ganz nah beieinander liegen, wird es nicht nur für die Oma spannend.*

*So in etwa könnte es sich damals zugetragen haben.*

*Eine himmlische Betrachtung:*

## Embryonengeplauder

Ja, sie hatten Kontakt aufgenommen. Damals im Frühling war es gewesen. Er hatte gewusst: Es gibt sie, aber wo? Also machte er sich auf die Suche. Es war nicht einfach gewesen und auch nicht ungefährlich. Lange musste er durch die unendliche Weite des Alls fliegen. Auf seiner Reise begegneter er Tausenden seinesgleichen, aber sie war nicht dabei.

Völlig außer Atem, ein wenig mutlos und mit herabhängenden Ärmchen hatte er seine Suche fast aufgegeben, als er plötzlich ein zartes Stimmchen vernahm.

„He du, hier bin ich. Hier, hinter dem Hälmchen im Schatten. Ich wusste, dass du kommst, habe schon auf dich gewartet. Schön, dass du da bist. Komm, wir fliegen ein bisschen umher und du zeigst mir, wo du wohnst."

„Wenn du sehen willst, wo ich wohne, musst du schon ganz schön weit mitkommen. Das ist nicht gleich um die Ecke. Du siehst so klein aus und so zart. Ich weiß nicht, ob es für dich nicht zu anstrengend wird."

„Ich bin mindestens so alt wie du. Ich bin zwar ein Mädchen, ein kleines und zartes, aber fliegen kann ich wie du, und nach Hause finde ich auch, ich habe mich nämlich schon fest eingenistet."

„Hast du schon einen Namen?"

„Nein, ich werde erst viel später einen Namen bekommen, noch bin ich „es".

„Und du, wie ist es bei dir?"

„Ich werde morgen einen Namen bekommen, denn morgen wird ein Bild von mir gemacht und meine Mama und mein Papa werden wissen, dass ich ein Junge bin.

Aber heute bin ich auch noch „es“.

„Willst du ihnen denn schon alles zeigen? Ich meine, damit sie wissen, dass du ein Junge bist? Du kannst doch deine andere Seite zum Licht wenden!“

„Nein, mir ist es lieber, ich zeige was ich habe. Vor allem wird meine Mama dann keine rosa Sachen für mich kaufen. Ich hasse Rosa, das muss ich von meinem Papa haben. Der hat jedenfalls vor einiger Zeit noch gesagt, rosa sähe sehr unmännlich aus. Und im Übrigen will ich Mama eine Freude machen. Ihr ist immer so schlecht, so furchtbar schlecht, und ich glaube, das hat mit mir zu tun. Ebenso möchten Mama und Papa wissen, ob sie ein Mädchen oder einen Jungen bekommen. Und wie lange planst du ein „es“ zu bleiben?“

„So lange es geht. Ich bin mit Mama einer Meinung, möchte lieb gehabt werden, unabhängig von meinem Geschlecht. Papa und Oma allerdings, die wüssten schon gerne, was ich bin, deshalb kommen sie auch mit, wenn ich fotografiert werde. Aber ich werde zu Mama halten und mich dezent zur Seite drehen und meinen hübschen Rücken dem Licht zuwenden. Noch habe ich viel Platz. Vielleicht werde ich mich später einmal zeigen, aber da spreche ich mich mit Mama ab, und wenn sie auch ein ganz kleines bisschen neugierig ist, dann werde ich mich zu erkennen geben. – Weißt du schon, wann du auf die Welt kommen willst?“

„Auf jeden Fall werde ich vor dir auf die Welt kommen. Ich bin der Junge, und auch viel kräftiger als du, sieh doch mal. Außerdem, die Gene in dir und mir ..., aber was soll ich da erklären. Ich muss einfach als Erster auf die Welt. Aber vom Wollen und Müssen abgesehen, wann planst du denn deinen Austritt?“

„Ja, ich komme auch auf jeden Fall vor dir auf die Welt. Ich bin vor dir fertig, einfach reif, wurde als erstes gepflanzt, verstehst du? Vielleicht gibt es da Irritationen und Missverständnisse, aber nach allen Berechnungen bin ich als Erstes dran.“

„Spüre ich da etwa so etwas wie ein Wettrennen? Das möchte ich nun gar nicht haben. Ich hab es mehr mit der Gemütlichkeit. Wir sind schließlich Cousin und Cousine. Wir müssen zusammenhalten. Ich schlage vor, wir machen es unseren Eltern leicht. Wir denken uns etwas Besonderes aus."

„Hast du eine Idee?"

„Hab ich. Wir lassen meine Geburt einleiten. Spätestens am dritten Tag liegen die Nerven blank und ich werde geholt. Per Kaiserschnitt, verstehst du? Egal, ob du nun dran bist oder nicht, du hältst dich zurück und wartest auf jeden Fall, bis ich da bin, dann erst legst du los. Alle werden begeistert sein von dem Timing, finden es niedlich und süß, und wir werden unschuldig lächelnd nacheinander das Licht der Welt erblicken. Tag auf Tag."

„Ich weiß nicht, ist eigentlich nicht richtig. Meine Mama ist nicht über Gebühr belastbar, wenngleich sie mich gerne noch ein bisschen bei sich hat. Wollen wir nicht einfach der Natur folgen? Dann gibt es gar keinen Stress."

„Einverstanden, gute Idee, ich freu mich auf dich."

PS: Wie verabredet erblickten sie Tag auf Tag das Licht der Welt. Zuerst der Junge, dann das Mädchen.

## Willkommen im Leben

Ich betrete das kleine,
in warmes Licht getauchte Wohnzimmer.
Bunte Girlanden hängen
von der Decke herab,
auf dem Tisch
liegen farbige Luftballons.
Sektgläser stehen
zum Anstoßen bereit.
Deine Ankunft
ist liebevoll vorbereitet.

Ich atme die von Glück
geschwängerte Luft
und weiß um die Tränen
der Rührung,
der Dankbarkeit
und der Unfassbarkeit
des Erlebten.
Auch ich kann es fühlen.

*Meine Heimat Nordfriesland liebe ich über alles. Ich konnte mir nicht vorstellen, sie jemals zu verlassen. Es kam aber der Tag, an dem alles Abwägen zu der Entscheidung führte, es doch zu tun.*

## Mein kleines Dorf
### oder *Wenn die Küste deine Welt ist*

Ein letztes Mal fahre ich mit dem Bus nach Hause in mein kleines Dorf.

An meiner Haltestelle steige ich aus.

Es ist Spätnachmittag. Die Sonne hat sich durch die Wolken gekämpft, ihre Strahlen erzeugen ein Glitzern auf dem Meer. Die Wellen blinken, als wollten sie mir ein fröhliches „Auf Wiedersehen" herüberwinken.

Ich heule Rotz und Wasser.

Mir ist, als würde die alte Weltenseele mir einen geliebten Menschen entreißen. Wie ein Stück eigenes Sterben fühlt es sich an. Mein Magen krampft.

WAS ist los?

Ich selbst traf die Entscheidung, mein kleines Dorf an der Küste einzutauschen für ein Leben in der Stadt, einer anderen Welt!

Treffe ich auf das, was ich mir erträume, wofür ich dieses alles hergebe?

Warum tut es so weh? Du glaubst, du hältst den Schmerz nicht aus. Denkst nicht an das Schöne, das vor dir liegt, weswegen du das alles machst.

Ich verspreche hoch und heilig bei meiner Nordsee, bei dem rauen Wind, den ich so liebe und den fetten Weiden mit ihren Schafen und Kühen darauf, dass es kein Abschied für immer sein wird. Ich werde zurückkehren, für Tage, vielleicht für Wochen, werde meinen Hafen anschauen und ins Meer spucken. Ich werde durch die kleinen Gassen gehen und die Rehe im Wald besuchen und natürlich das Kirchlein am Meer.

Und nirgendwo auf der Welt ist es schöner als hier!

Die Sonne lässt das Meer in seinem schönsten Blau erscheinen. Eine Landzunge am Horizont scheint sich ein Stück weit aus dem Meer zu erheben. Ein harmonisches Schauspiel der Natur.

Und ICH mitten drin.
Gehen oder bleiben?!
Ich will hier nicht weg!
Und doch ging ich fort.

Über ein Jahrzehnt lebte ich an einem Ort, ohne jemals Teil dieser Welt geworden zu sein.

Eines Tages hielt es die ausgehungerte Seele nicht mehr aus. Sie ging in die Weigerung und wurde krank.

Der Verstand klagte an und der Kopf schlug Alarm.

In einer Welt, so wenig geborgen,
befremdlich, entlegen und voller Sorgen
wollt ich nicht sein!
Mein Innerstes suchte ein Lebensschiff,
eine Bleibe, ein Nest, doch fand es ein Riff,
das schroff und spröde mich erschöpfte.

Der wache Blick, gezielt nach vorn,
und eine Rückschau ohne Zorn
haben mein Leben verändert.

Ich bin nicht mehr die,
die alles aushält,
und nicht mehr die,
die glaubt, dass sie,
wenn sie hinfällt und strauchelt,
nicht wieder aufsteht.

Ich bin die, die den Schalter nicht fand
in deinem dicken Fell aus Ignoranz
und Selbstherrlichkeit
und die nicht verstand,
dass du nicht kapiert hast,
worauf es mir ankommt!
Dass man im Leben miteinander nur auskommt,
wenn einer den anderen achtet und schätzt,
und nicht einer allein den ganzen Tag schwätzt.

Ich bau eine Mauer, um mich zu schützen,
dich auf Abstand zu halten.
Wenn endlose Monologe
wie gierige Tentakeln
einer schleimigen Feuerqualle
meine Kräfte verschlingen,
dann wird sie mir nützen.

Ich hätte mich gerne mal fallen gelassen,
zurückgelehnt, ohne aufzupassen.
Und sollt ich mal stolpern,
dann wärest du da,
doch warst du mir nicht wirklich nah.
In meiner Welt
solltest du Ritter,
Beschützer sein und Held,
der Fels in der Brandung
und Heimat und Welt.

Aber Wunschdenken ist naiv
und schürt die infantile Version vom Frosch,
der am Schluss
zum Prinz wird nach jenem Kuss.
Doch das Zerplatzen
nach dem Klatsch an die Wand
öffnet die Augen.

Es gab keine Scherben
und kaum ein Gewitter,
doch in meiner Seele sitzen noch Splitter
der Trauer und Wut
über die eigene Ohnmacht,
HALT! zu schreien,
es reicht, es ist gut!
Ich bin ich
und ich bin nicht du,
und dich zu ändern,
das steht mir nicht zu.

Und diese Erkenntnis,
was für ein Glück,
brachte mich an die Küste zurück.

*Die folgende Geschichte erzählt von zwei Menschen, die ich sehr geschätzt habe, denen ich sehr nah und verbunden war. Ihnen sei dieser Text in dankbarer Erinnerung gewidmet.*

## Ludwig und Pauline

Über sechzig Jahre sind sie verheiratet. Haben glückliche, aber auch schwere und vor allem stürmische Zeiten erlebt. Pauline ist 86 und Ludwig 91. Ludwig hat Krebs und in den letzten Monaten zwei Operationen überstanden.

Er ist ein hart gesottener Bursche. Die Kriegsjahre haben ihn geprägt. Im Grunde ist er immer ein Arbeitstier, ein Haudegen gewesen. Das hat sich bis heute nicht geändert. In seinem hoch betagten Alter kann er immer noch seinen Garten beschicken, und was die Arbeit mit Schaufel und Spaten angeht, stellt er so manch einen jungen Burschen in den Schatten. So eine Krankheit zwischendurch haut ihn nicht um. Er kommt schnell wieder auf die Füße.

Acht Brüder hat er gehabt und zwei Schwestern. Er ist der einzige, der noch am Leben ist. Die Brüder waren ausgewandert nach Amerika. Kontakte hat er nicht gepflegt.

Pauline hatte zehn Geschwister. Von ihnen leben noch vier, und die sind jünger als sie, aber auch über achtzig. Im Grunde ist Pauline das Pendant zu Ludwig. Sie ist musisch veranlagt, hat gerne Leute um sich, die sie bekocht und mit denen sie sich Geschichten von früher erzählt. Sie besucht Theater und Ausstellungen. Außerdem schreibt sie, seit sie in Rente ist. Wunderbare Geschichten und kleine Gedichte entstehen in großer Zahl. Und sie verreist gerne, besucht ihre Geschwister, die über Deutschland verteilt und nicht in ihrer Nähe wohnen. Dazu hat Ludwig gar keine Lust. Irgendwie haben sie sich aber immer arrangiert.

Es gab Zeiten, da wurde viel gestritten, aber die letzten Jahre turteln sie wie die Täubchen. Es ist nett anzusehen. Ludwig bewegt sich täglich an der frischen Luft, macht am Vormittag allein seine Wanderung. Er läuft auf dem Deich entlang, während Pauline das Essen bereitet. Nach dem Mittagessen machen sie gemeinsam den Abwasch und danach in ihrer Stube ein Nickerchen. Ludwig auf der Couch, Pauline in ihrem großen roten Plüschsessel. Ihre Füße hat sie auf dem kleinen Fußbänkchen abgestellt.

Nach dem mittäglichen Schlummer möchte auch Pauline an die frische Luft. Sie ist nicht mehr so gut zu Fuß, deshalb fahren sie mit dem Auto zum nahe gelegenen Wald. Dort legen sie je nach Befindlichkeit eine größere oder kleinere Runde zurück.

Früher hat Pauline das Picknick-Körbchen bestückt, worin sie Kaffee, selbst gebackenen Kuchen und Tassen verstaute, um nach ihrem Rundgang ein beschauliches Plätzchen zu suchen und sich ein wenig zu stärken. Heute ist das für sie zu aufwändig. Nun trinken sie zu Hause ihren Kaffee, und statt Kuchen gibt es Plätzchen aus dem Supermarkt.

Die Sache mit dem Autofahren können die Kinder Ludwig bis kurz vor seinem Tod nicht ausreden. Er argumentiert, dass seine Augen so gut wie die eines Adlers seien. Gott sei Dank ist nie etwas passiert.

Die beiden Alten sind in den letzten Lebensmonaten sehr friedlich miteinander. Beschaulich, langsam und kaum noch draußen bewegen sie sich in ihren eigenen vier Wänden oder um das Haus herum. Immer öfter schauen die Kinder nach dem Rechten.

Ihre letzte gemeinsame Woche bricht an.

Ludwig hat Schmerzen, die ausschließlich durch die Gabe starker Medikamente gelindert werden können.

Der Hausarzt kommt täglich, manchmal zweimal vorbei. Schließlich braucht Ludwig ein Pflegebett, das im Schlafzimmer aufgestellt wird.

Fast gleichzeitig verlassen Pauline die Kräfte. Sie fällt zusammen, wird sichtlich schmaler und sehr schwach. Auch für sie wird ein Pflegebett angeschafft, in dem sie nun ihre Tage und Nächte verbringt. Ihr Bett findet im Wohnzimmer Platz. So hat jeder seine Ruhe. Der Pflegedienst kommt täglich und die Kinder wachen im Wechsel die Nächte hindurch.

An einem Nachmittag schieben die Kinder Ludwigs Bett zu Pauline ins Wohnzimmer. Die beiden sehen einander freundlich an. Ihre Hände finden sich und mit leisen Worten nehmen sie Abschied voneinander, ohne sichtbare Trauer. Es ist ein sehr berührender Augenblick. Ein Moment, in dem die Welt den Atem anhält, um nicht zu stören.

Ludwig wird in das Schlafzimmer zurück gebracht, Pauline schläft bald darauf ein. Es folgt ein friedlicher Abend. Ein paar Atemaussetzer während der Nacht kündigen Paulines bevorstehendes Ende an. Ganz friedlich, ohne noch einmal aufzuwachen, ist sie in dieser Nacht hinüber gegangen. Leise und ohne Aufsehen einfach entschlafen.

Ein spürbarer Frieden legt sich über das Wohnzimmer. Unzählige Kerzen werden angezündet, so, als wolle man Paulines Seele noch einmal erwärmen.

Die Familie erlebt eine stille Trauer. Man ist sich einig. Angenehm die Stille, eine Stimmung getragen von Dankbarkeit und Achtung der Verstorbenen gegenüber und des sich im Sterbeprozess befindenden Vaters. Ein fast vergessenes Zusammengehörigkeitsgefühl.

Ludwigs Zustand verschlechtert sich zusehends. Mit jeder Morphium-Gabe kommt ihm der Tod ein Stückchen näher.

Gemeinsam mit der Pastorin bereiten die Kinder die Trauerfeier vor, wobei alle Beteiligten in Betracht ziehen, dass es möglicherweise für die beiden eine gemeinsame Trauerfeier geben könnte. Aber Ludwig will nicht, er will partout nicht, und der Termin für die Beisetzung lässt sich nicht beliebig hinausschieben.

Am Mittwoch um elf Uhr wird es einen Abschiedsgottesdienst für Pauline geben. Der Pflegedienst wird sich derweil um Ludwig kümmern.

Bevor die Kinder das Haus verlassen, versammeln sich alle um Ludwigs Bett. Ein jeder berührt behutsam den alten Mann, gibt ihm mit leiser Stimme gute Wünsche und Worte des Abschieds mit auf die Reise. Seine Augen sind geschlossen, immer wieder Atemaussetzer, einmal sogar für eine Minute. Doch mit einem lauten Japser nach Luft setzt die Atmung wieder ein.

Man erträgt es kaum und der unausgesprochene Wunsch der Anwesenden, dass Ludwig sich beeilen möge, damit der Mutti ein würdiger Abschied zuteil werden kann, steht im Raum und erreicht auf wundersame Weise den sterbenden Mann. Innerhalb der nächsten Minuten hat er es geschafft und im Beisein seiner Familie seinen letzten Atemzug getan. Spürbare Erleichterung breitet sich aus.

So verkündet zu Beginn ihrer Trauerrede die Pastorin, dass Ludwig vor wenigen Minuten seiner Frau gefolgt ist. Ein Raunen geht durch die Menge der Trauergäste. Dann folgt ein wunderbar würdevoller Abschiedsgottesdienst.

*Ein Gedicht, auf das man sich einlassen und der Phantasie freien Lauf lassen mag.*

## Im freien Fall

*Schwerelos, höher und höher.*
Federleicht und
getragen von Glücksgefühlen
schweben wir
dem wolkenlosen,
blau strahlenden Himmel
entgegen.
*Schwerelos, höher und höher.*
Ein Segel, rosarot
und riesig groß
trägt uns fort –
der Liebe entgegen.
*Schwerelos, höher und höher.*
Das Herz, kurz vor dem Zerspringen.
Im freien Fall, im Loslassen
schlägt es rhythmisch,
gewaltig.
Der Puls des Lebens
betäubt die Sinne.
Nichts ist mehr wichtig.
Ich kehre zurück,
werde gehalten,
und das rosarote Segel
deckt uns behutsam zu.

*Wenn ein Mensch geht, ist der Schmerz groß. Wenn ein Kind geht,ist er unfassbar. Was mögen Eltern, Großeltern empfinden, wenn das Schicksal zuschlägt und ihnen das größte Glück genommen wird?*

*Das folgende Gedicht sei Angehörigen von früh oder tot geborenen Kindern gewidmet.*

## Schmetterlingsreigen

Durch den Wald ging ich hinab an den Strand,
spürte deutlich Deine kleine Hand
von innen her in meinem Leib,
damals gingen wir zu zweit.

Es war ganz still, kein Möwengeschrei.
Plötzlich mein greller Hilfeschrei.
Er zerriss die Stille, der Sand färbte sich rot.
Du kleines Leben in mir warst tot!

Nun lausche ich der Stille allein,
ich denk an Dich, und tauche ein
in Deine Welt, du bist so nah,
und so wie damals – wieder da.

Und so beisammen hören wir dann
der Vogelstimmen vertrauten Klang.
Wie viele Stunden ich so verweile,
ich weiß es nicht, ich hab keine Eile.

Kleine Hand in meiner Hand,
Du bist bei mir aus dem Niemandsland.
Ich bin bei Dir,
im Jetzt und Hier.

Die Nachtigall beginnt zu singen.
Mir ist, als würde ich Dich umschlingen
in einer Weise, die mir so vertraut,
unendlich leise, kein bisschen laut.

Umwoben von Liebesgedanken nur,
wie Träume an einer Perlenschnur
lass' ich mich ein, fühl mich geborgen,
in dieser Welt braucht es kein morgen.

Plötzlich vernehme ich fröhliches Geigen,
Du tanzt dazu im Schmetterlingsreigen
den Tanz der Freiheit, befreit von Schmerz.
Nun weiß ich's: Dir geht es gut, mein Herz.

Die Geige schweigt, die Träume entschweben,
ich bin umgeben von stillem Leben.
Ich atme die Stille und gedankenverloren
fühle ich mich wie neu geboren.

Und so getröstet bin ich unsäglich stark,
geh langsam heim durch unseren Park.
Dich nehme ich mit, den Schmerz lass ich hier
und weiß es genau: Du bleibst immer in mir.

*Manchmal muss man jemanden aus seinem Leben entlassen, auch wenn er/sie nicht gestorben ist. Man stellt sich die Frage: War alles schlecht, woran hat's gelegen?*

*Hier sei einfach einmal nachgefragt ohne Argwohn und mit verhaltenem Bedauern.*

## Nachruf

Habe ich dir jemals gesagt,
wie sehr ich dich liebte,
dich bewunderte,
schätze und schützte?

Habe ich dir jemals gesagt,
wie ich dich anhimmelte,
mich orientierte an deinen Wertvorstellungen,
wie ich klammerte,
um dich nicht zu verlieren?

Habe ich dir jemals gesagt,
wie ich dich stets beäugte,
um nicht zu verpassen,
was dir gefällt und was nicht?

Hast du jemals bemerkt,
wie ich mich rechtfertigte,
wenn du mir misstrautest,
wie ich lückenlos Bericht erstattete?

Habe ich dir jemals gesagt,
wie ich mich verbog,
um dir zu gefallen, mich anstrengte,
meine Defizite zu verbergen versuchte?

Habe ich dir jemals gesagt,
wie ich heulte,
wenn du,
unausstehlich
im Trockenrausch,
mich verletztest?

Habe ich dir jemals gesagt,
wie ich mich stets überforderte,
um dir zu imponieren,
eigene Bedürfnisse
in der Versenkung vergrub?

Habe ich dir jemals gesagt,
wie mörderisch anstrengend mein Leben
neben dir war?
Wie unerreichbar das Podest,
auf das ich dich stellte,
auf das ich nicht wollte,
und doch so gerne gestanden hätte,
neben dir?

Habe ich dir jemals gesagt,
wie einsam ich war
mit dir und ohne dich,
dass ich mir meinen Traummann erschuf,
der so war wie du,
und doch anders?

HABE ICH DIR DAS ALLES JEMALS GESAGT?!

Wir haben einander missbraucht,
mehr als ein Vierteljahrhundert,
und haben überlebt,
jeder auf seine Weise.

*Im folgenden Text geht es noch einmal um die Heimatliebe, genau genommen um die Sprache, die man in meiner Heimat spricht: Plattdeutsch. Ich liebe sie genauso wie die Menschen an der Küste, das platte Land und den Wind, der stets frisch auch mal in eine Beziehung hineinwirbelt.*

## DAT DU MIEN LEEVSTEN BÜST
oder *Wo bliffst du denn?*

Ick stoh mit mien Auto vör'n Bohnhoff un tööv. Een halv Stünn büst nu all över de Tied. De Toch schull um half twee in'n Bohnhoff inlopen.

Af un to kiek ick in den Rüchspeegel, over ick seh keen Lüüd mehr ut de Bohnhoffshall komen.

July heff ick sehn vörhen, Sven hett ehr afholt. As so'n poor Kinner sünd se sick in'e Arms fulln. As een Wirbelwind rumschweutzelt hett he sien July. Ümmer weer hebbt se sick dreiht un küsst un küsst un dreiht. Un ick sitt in mien Auto un tööv.

Noch eenmol kiek ick in'n Rüchspeegel, kroom in mien Handtasch no'n Lippenstift un smiet een poor vun düssen Peperminz Tic Tacs achter de Kuusen. Man kann jo nich weeten ...

Jüst in düssen Momang, mi blifft binoh dat Hart stohn, un ick glöv nich watt ick seh. Ick seh di, mien leeve Fründ. Du stiggst ut dat Auto, dat jüst achter mien parkt, un ick seh, dat'n Fruu achter't Stüer sitt un mit'n spitzen Mund di'n Söten achternoh smitt.

Ick war ganz liek in'e Rüch un dreih noch'n beeten an'n Speegel, um nix to verpassen. Un denn pliersт du mit de Oogen no ehr hen, un pliersт un pliersт un mit'n Oogentwinkern giffst du ehr to verstohn: ‚Is alln's op'e Reech. Bit bald, Baby.'

Mi fallt dat as Schuppen vun'e Oogen: De Fruu achter't Stüer mutt Lieschen ween. Diene Ex, Lieschen Scheper. Scheper, jawohl, dat is de richtige Naam för son'n Wief, mit Lieschen Scheper 'n Scheperstünn. Over ohne mi, jem beiden! Un denn krieg ick doch so'n richtigen Floog Pipi in'e Oogen. Ick kann mi jüst noch dat Gedrüppel ut't Gesicht wischen, as du de Bifohrerdöör opmokst un dien Tasch op de Rüchbank smittst. Denn lättst du di op den Bifohrersitt fallen un böögst di no mi röver, wullt mi'n Söten opdrücken. Ick week torüch.

„Du rüükst no Beer – und no ehr", segg ick.

„Watt is los mit di, freust di nich, dat Wuchenend is un wi tohoop sünd?"

„Oh, doch, un wi ick mi op dat Wuchenend freut heff. Over dat du mi töven lättst, mit diene Ex-Ische ansluerd kummst, ehr achter mien Rüch schööne Oogen mokst, dor schall ick mi to freun?"

Ick mutt mi bannig tosomen rieten, dat ick nicht to blarrn anfang.

„Ick bün doch nu dor. Wullt nich losfohren?"

„Ick, losfohren? Wohen schall't denn gohn? In dien fröhere Tieden, in unse Tokunft? Ick heff so männigmol op di tövt, nu is Sluss. Mit uns gifft dat keen Tokunft.

Weest watt? Unse Wohnung is nu mien Wohnung. Mien schöne Wohnung, de ick günstern mit opwarkt Arms Stünnen lang rünscht und poleert heff. Mien schöne Köök, in de ick güstern noch as dien Kööksch dien Lievgericht Schnüsch kokt heff. Ick warr mien Leevdag keen Schnüsch mehr eeten. Schnüsch warrt mi an di denken loten un di will ick ganz gau vergeeten.

Nimm dien Tasch un verswinn! Speelen kannst mit ehr, nich mit mi. Wenn du dien Krom afholen wullt, kannst mi anropen, un'n Tiet afmoken. Un nu se to, ick will di nich mehr sehn."

Verbiestert stiggst du ut. Ick seh, dat di mien Wöör piern. So hett jeedeen vun uns een beten Glimmer in'e Oogen, jeedeen no sien Oort. Denn dreihst du di üm un mokst de Autodöör noch mol op.

„Weest wat, Lene, dor wer nix twüschen Lieschen un mi. Lieschen hett Schereree mit eer'n Fründ un wiel se so bedrüppelt ween is, heff ick nofrogt, wat los is, un se hätt mi ehr Hard utschüdd't. Dorum bün ick so loot ween."

Weer flücht de Autodöör in't Slott.

Du kummst no de Fohrersiet, mokst de Dör op un singst: „Dat du mien Leefsten büst ...", dorbi kneest du di för mi hen un an't Enn drückst mi een Söten op mien feuchte Wang,

„Ick loop to Foot, Lene. Wi dropen uns in unse Wohnung, un ick freu mi op dat Wuchenend mit di."

# Träume

Sind **T r ä u m e** gewünschte Wahrheiten,
Schäume
oder doch eher Klettergerüste
für unsere großen und kleinen Wünsche und Sehnsüchte,
auf denen wir uns empor hangeln,
um sie zu verfolgen,
zu realisieren?
Auf jeden Fall sorgen sie gelegentlich für Verwirrung,
aber
auch für Lösungen.

Schön, dass wir sie haben!

*Wer kennt sie nicht, die Frage: Wie wird es sein, wenn es so weit ist? Bin ich vorbereitet, wenn mein Leben sich dem Ende nähert? Was erwartet mich?*

*Jakob hat gut für sich gesorgt.*

## Grenzgänger

Unzählige Male hat Jakob an lauen Sommerabenden auf der alten Bank vor der Friedhofsmauer gesessen und über das Meer geschaut. Für ihn ist dieses wunderbare Bild, wo Himmel und Erde zusammen stoßen, die Grenze zwischen dem Hier und dem Jenseits. So stellt er es sich jedenfalls vor. Er träumt davon, irgendwann einmal leise die Grenze am Horizont zu überschreiten und sanft hinüberzugehen.

Heute wirkt der Horizont wieder besonders einladend. Jakob erhebt sich von seinem Platz, geht ein wenig auf und ab. Er will hinüber und dann doch wieder nicht, hat Angst vor der Endlichkeit und der Frage: Was kommt dann?

In letzter Zeit umkreisen ihn diese Gedanken beinahe täglich und lassen kaum Raum für die schönen Dinge des Lebens. Sie halten ihn gefangen.

„Der Horizont ist mein Ende", sagt er eines Tages ohne Groll. „Heute ist er wunderschön anzusehen in seinem warmen Rot. Gestern war er dunkel und beängstigend. Wie der Mensch ist er stets in der Veränderung, spiegelt Stimmungen wider. Ich will aufhören, mich zu ängstigen und zu zweifeln. Ich werde Kraft schöpfen aus der Schönheit des Horizonts und mich von ihm inspirieren lassen. Wenn es Zeit ist, zu gehen, werde ich es merken."

So beginnt Jakob seinen Horizont gelassen und mit Abstand zu betrachten. Er stellt sich vor, was dahinter verborgen sein mag und findet Gefallen an diesen Vorstellungen. Den Horizont auf Distanz zu halten, macht ihn attraktiv. Wie schön doch das Leben sein kann!

Jakob lebt allein, hat keine Frau und keine Kinder. Auch ein Haus besitzt er nicht. Er fragt sich, ob er je etwas geschaffen hat, das unvergänglich ist? Darüber denkt er lange nach.

Um seinem Leben einen Sinn zu geben, beginnt er zu schreiben. Das ist etwas völlig Neues, aber er findet Gefallen daran. Seine Freude, seine Ängste und seine Trauer – alles kann er dem Papier anvertrauen. Das Schreiben füllt ihn aus. Und auch den Menschen in seinem Umfeld gefallen seine Geschichten und Gedichte.

In einer seiner Erzählungen beschreibt er das Leben hinter dem Horizont, so, als sei er schon einmal dort gewesen. Seit dem ist in ihm keine Furcht und Ungewissheit.

Mit seinen Texten hat Jakob seiner Nachwelt etwas Schönes und Tröstliches hinterlassen.

Etliche Jahre sind vergangen.

Jakob schaut wieder einmal hinaus auf das Meer, das friedlich, gleich einem See, vor seinen Augen liegt. Am Horizont versinkt wie ein roter glühender Ball die Sonne. Ihr wird er folgen. Er wird hinübergehen ohne Furcht, und er spürt:

Irgendwann war er schon einmal dort.

*Wer kennt ihn nicht, den Schimmelreiter von Theodor Storm. Warum, habe ich mir gedacht, warum soll es nicht auch eine Schimmelreiterin geben, die nicht im wirklichen Sturm, aber in ihrer Ohnmacht dem blanken Hans begegnet.*

*Eine Protagonistin, die wenig selbstbewusst und ein wenig blauäugig daherkommt. Auch so etwas soll es geben.*

## Die Schimmelreiterin

Theresa macht Urlaub an der Nordsee. Das sonnige Wetter, der gestrige Abend mit Rico und die gespannte Erwartung auf die bevorstehende Verabredung mit ihm versprühen Glückshormone. Trotz ihrer Trennung sind sie und Rico freundschaftlich im Kontakt.

Gestern hatte er ein Foto geschickt. Er, auf dem Surf-Brett in den Wellen vor Sankt Peter-Ording. Bekleidet mit Shorts und Muskelshirt in schrillen Neonfarben. Auf der Stelle fühlte sich Theresa angezogen von diesem verführerischen, Tiroler-Nussöl-gebräunten Astralkörper. So sexy und nur 40 km von ihr entfernt. Was für ein Zufall!

Plötzlich hatte ihr Herz angefangen, schneller und bis zum Hals zu schlagen. Hastig, beinahe enthusiastisch, den Grund ihrer Trennung ausgeblendet, hatte sie mit einem Foto erwidert. Ein Selfie vor dem Kirchlein am Meer in Schobüll, das seinem Betrachter strahlend einen Kussmund präsentierte.

Ad hoc hatten sie sich zum Abendessen in Husum verabredet. Wunderbare Stunden auf der Außenterrasse eines Restaurants. Ein Spaziergang zum Dockkoog. Die Luft war lau, es hatte ein wenig nach Landwirtschaft gerochen, nach Schaf. In einzelnen mit Stacheldraht eingezäunten Parzellen waren sie in Schafscheiße getreten. Beinahe darauf ausgerutscht, hatten sie sich kaputtgelacht.

Satt und faul lagen die Viecher in aufrechter Haltung mit unter den Leib geschobenen Beinen im Gras und sahen wiederkäuend und gelangweilt hinter ihr und Rico her. Durch eine Klapp-Pforte gelangten sie zum nächsten Deichabschnitt, der sich als Badestrand ohne Schafschiete darbot.

Wie in alten Zeiten hatte Rico den Arm um ihre Schultern gelegt. Sie hatten geplaudert, Rico hatte geplaudert. Von großartigen beruflichen Plänen als selbständiger Unternehmer in Sachen Windenergie geschwärmt. Von dem vorprogrammierten Erfolg, der ihn zum reichen Mann machen würde. Rico war so fesselnd, so klug und der charismatischste Mann, dem Theresa jemals begegnet war. Er machte sie glücklich. Unfassbar glücklich. So einfach.

„Nächsten Freitag in Sankt-Peter beim ‚Lütten Gosch' an der Seebrücke?", hatte Rico sie beim Abschied gefragt. Ihre Schwangerschaft hatte sie nicht erwähnt.

Gut gelaunt startet Theresa an diesem Morgen zu einem ersten Walken. Vorbei an dem nahe gelegenen Wald führt sie der Weg hinab zum Wasser und schließlich entlang des Deichfußes in Richtung Stadt. In der Nähe der Windhosen, einem Kunstwerk von wie Wetterfahnen in den Wind gehängten Hosen, legt sie ihr Badetuch neben einem Strandkorb ab. Es ist früher Vormittag.

Schön ist es hier, wenn auch durch die Gezeiten ein bisschen gewöhnungsbedürftig. Nur alle sechs Stunden kommt die Flut. Im Augenblick hat sich das Meer zurückgezogen. Der Schlick in seinem schmuddeligen Grau mit der runzeligen, rinnendurchzogenen Oberfläche ist einzigartig und zeigt nach jeder Flut ein anderes Bild. Er verströmt einen ganz besonderen Geruch nach Salz und Meer und etwas Anderem, Undefinierbarem. Theresa liebt ihn und lässt die Luft tief in ihre Lungen hinein. Um schwimmen zu können, müsste sie laut Tidekalender bis zum Mittag warten.

Sie beschließt, später hierher zurückzukehren, sich in die Sonne zu legen und vielleicht auf die Nordsee zu warten. Vielleicht.

Ihre Gedanken kreisen um Rico. So, wie sie das in der Nacht und gleich nach dem Aufstehen getan hatten.

Außer ihr ist keine Menschenseele am Deich zu sehen.

*Ob Rico seine Affäre mit Anne, der Mutter ihrer besten Freundin, beendet hat?*

Sie hätte ihn fragen sollen. Hätte.

Recht schnell stellt sich beim Laufen das vertraute Glücksgefühl von Freiheit und Leichtigkeit ein und die Gedanken an Rico tun ein Übriges. Die Beine laufen wie von selbst.

*Wahrscheinlich sind sie aufgeflogen. Bestimmt ist es so. So etwas kann nicht gut gehen.*

Die Freude am Laufen währt nur kurz. Theresa verspürt einen stechenden Schmerz in der Sehne unter dem rechten Fuß. Er erschwert jeden Schritt und wird so heftig, dass sie ihr Tempo reduziert. Es folgt ein reißender Schmerz im Unterleib. Ein Flirren und Flimmern vor den Augen und der Stich im Hinterkopf zwingen sie, zu pausieren. Sie lässt sich neben einem Treibselhaufen im Gras nieder. Mit einem Stock stochert sie versonnen darin herum.

*Ein Verhältnis mit einer doppelt so alten, verheirateten Frau. Das war der Grund für unsere Trennung. Es hat viele Tränen gekostet. Sicher ist das vorbei. Ganz bestimmt.*

Spannend, was so alles an Land getrieben wird. Von Plastikmüll, Netzen, einem alten Fahrradkorb bis hin zum Möwenkadaver ist alles dabei. Sogar eine Flaschenpost. Bei näherem Hinsehen stellt sich heraus: Die Flasche ist leer. Schade. Theresa wirft sie zurück auf den Müll.

*Irgendwann wird ein Mensch vorbeikommen, den ich um Hilfe bitten kann,* versucht sie sich zu beruhigen und fischt weiter in dem Strandgut herum. Unter einer zerbeulten Blechdose kommt ein Buch zum Vorschein. Sie ragt es heran, nimmt es in die Hand. Die Blätter sind aufgequollen, wellig und schwer.

Theresa erkennt auf dem Buchdeckel einen Reiter auf dem Rücken eines Schimmels, der sein Pferd auf einem überfluteten Deich entlang treibt. Es scheint recht stürmisch, die Mähne des Tieres steht waagerecht nach hinten. Die Nüstern sind aufgebläht. *Der Schimmelreiter* ist in blassen Lettern auf dem Umschlag zu erkennen. Ihre Augen stieren auf das Cover, bis die Konturen mehr und mehr verschwimmen. Ohnmächtig kippt Theresa zur Seite.

Reiter und Pferd bahnen sich den Weg durch nebelgeschwängerte Schwaden. Das Wiehern des Gauls dringt zu Theresa herüber. Es klingt wild, beinahe hysterisch. Der Reiter peitscht in dramatischer Weise sein Pferd durch Sturm und Flut. Er ruft Theresa etwas zu. Der Wind zerfetzt die Worte. Wild gestikuliert der Mann, dass sie zu ihm aufs Pferd kommen soll.

Theresa ist wie gelähmt. Die Muskulatur versagt. Nicht einen Zentimeter kann sie sich von der Stelle bewegen. Die tosenden Wellen peitschen sich bis an die Grasnarbe heran. Gleich werden sie Theresa erreicht haben und fortspülen.

Unvermittelt spürt sie einen festen Griff um ihre Taille. Der Mann auf dem Pferd ist Rico, der sie mit ungezügelter Heftigkeit auf den Schimmel hebt. Rico.

Im selben Moment legt sich der Sturm. Mit der immer noch ohnmächtigen Frau in den Armen wendet der Reiter, lenkt sein Pferd besonnen und zielstrebig in das nun ruhige, auflaufende Wasser. Direkt in die Arme des Blanken Hans. Theresa fühlt sich federleicht, schwebend leicht.

Kräftige Arme, Ricos Arme, umschlingen ihren Körper, sie wärmen ihn. Die Hände halten fest die Zügel. Sein Atem streift ihr Gesicht.

*Kein Verhältnis mit einer doppelt so alten, verheirateten Frau. Nur wir beide …*

Es ist ein Eintauchen in ein Element fernab allen irdischen Schmerzes, ein Element, das sie beide aufnimmt und trägt, als einen Teil von sich.

*Im nächsten Text geht es um einen Song, um ein Sommererlebnis. Auf der Autobahn Richtung Norden lausche ich meinem Lieblingssender. Plötzlich trifft es mich wie ein Schlag, kehrt mein Innerstes nach Außen.*

## Und es war Sommer

Gut gelaunt fahre ich auf der A 23 über den Nord-Ostseekanal Richtung Husum. Nach den letzten anstrengenden zwei Wochen ein paar Tage in der Heimat ausspannen. Mein Lieblingssender hält mich wach und bei Laune.

Schlager der Siebziger. Peter Maffay – *Und es war Sommer.* Wie ein Stromschlag trifft mich der Song, so nach dem Motto *tausendmal gehört, tausendmal ist nichts passiert.* Was steckt da für eine Erotik drin!? Wieso habe ich das so noch nie wahrgenommen?

Was ist es, das mich an diesem Song so anrührt? Es ist nicht nur der Text, auch die Art des Gitarrenspiels rührt mich.

Ich bin im Herbst meines Lebens angekommen, mein Sommer war gestern. Ist es das? Gibt es eine Parallele zu irgendeinem meiner Sommer, die mir ungestüm eine Gänsehaut auf die Arme treibt?

Mit Gänsepelle überall schiebe ich den Lautstärkeregler nach oben und fühle noch einmal genau hin.

Und plötzlich habe ich diese Romanze, die Vorstellung vor Augen, wie sie um die Schultern nur ihr langes Haar trägt, das Hinuntergehen zum Strand. Dann den Sonnenaufgang, den der Junge von gestern nun als Mann erlebt.

Der Klang der Gitarre drückt aus, was zwischen den Zeilen geschieht und keiner Worte bedarf.

Dieser Song ist ein GEFÜHL, das wehmütig und gewaltig melancholisch herüberkommt.

Ganz schön sinnlich, Herr Maffay.

*Manchmal ist es zum Heulen schön, ein bisschen die Kontrolle über sich zu verlieren. Der Mensch ist schließlich kein Roboter.*

## Mein Leben ist schön

Mein Leben ist schön, ich vermisse nichts, bin mir selbst genug. Es ist ausgefüllt mit dem, was ich tue. Das mag ich. Ich bin vielseitig in meinen Aktivitäten, es ist nie langweilig.

Besonders mag ich die Auftritte mit Maik. Wir haben Veranstaltungs-Programme entwickelt, die die Menschen mögen. Ein Gemisch aus Text und Musik, das sie in Stimmungen wie gute Laune, Freude oder Nachdenklichkeit versetzt. Uns gelingt es, Menschen zu berühren, jedem auf seine Weise.

Wenn ich nach einem gemeinsamen Auftritt meinen Heimweg antrete, macht sich gelegentlich das Gefühl von Einsamkeit in mir breit. Ein Gefühl, das Sehnsucht gebiert, das mich irritiert.

So auch neulich am 14. Eigentlich war es der 15., denn der Abend dauerte etwas länger.

Die Veranstaltung war uns gut gelungen. Trotz einer miesen Erkältung war Maik grandios. Ich frage mich, wie jemand so angeschlagen die richtigen Töne treffen kann, sich in Höhen quält, die Kopfstimme zum Einsatz bringt.

Wir haben uns über stürmischen Applaus freuen dürfen. Viele freundliche Gesichter, die uns aus dem Publikum anschauten. Das Händeschütteln am Ende der Veranstaltung, die guten Wünsche für die Zukunft, die Einladung, im nächsten Jahr wieder auftreten zu dürfen. Es hat sich gut angefühlt, in all dem zu baden.

In der Regel ist der Abend nach dem Abbau und Verstauen der Anlage, der Instrumente und Kabel im Auto und dem Zusammensammeln der Texte zu Ende. Jeder geht seiner Wege bis zum nächsten gemeinsamen Auftritt.

Normalerweise ist das so. Doch an diesem Abend sind

wir eingeladen. Eine „Backstage-Zusammenkunft“ bei Holger und Christa. Das möchte ich, wenn auch müde, nicht ablehnen. So sitze ich im Kreise vieler netter Menschen und bin plötzlich – getragen von Glücksgefühlen – zu Tränen gerührt, was Gott sei Dank außer Maik niemand bemerkt zu haben scheint.

Die Gastgeberin stellt köstliche Spezialitäten auf den Tisch. Der Duft nach geröstetem Baguette kriecht mir in die Nase. Wunderbarer Wein aus roten Trauben könnte meinen Gaumen kitzeln. Eine Verlockung, wie sich die dunkelrote Flüssigkeit in dem großen, glänzenden Glas prostituiert. Ich denke an meinen Heimweg und entscheide mich für einen Schluck Weißen.

Ich genieße die Zeit in der Runde dieser netten Menschen.

In den Augen der Gastgeber nehme ich eine Spur von Traurigkeit wahr. Gut getarnt und versteckt hinter dem einen oder anderen Scherz. Dennoch nicht gut genug.

Ich frage mich, welcher Situation ihres Lebens sie sich nicht stellen, weswegen der Spiegel ihrer Seele keine Unbeschwertheit vermittelt, und fühle mich an eine eigene Lebenssituation erinnert. Warum bin ich nur so obersensibel heute?

Es ist nach Mitternacht und Zeit für mich, aufzubrechen. Knapp eineinhalb Stunden Autofahrt liegen vor mir. Nun der Abschied von allen und von Maik, den ich sehr mag. Ein Freund, an dessen Schulter ich mich lehnen möchte. Eine Schulter, die zu Hause auf mich wartet und nach der ich mich in Momenten wie diesen sehne. Geprügelt von dem Gefühl, *warum müssen wir jetzt unserer Wege gehen?*, steige ich in mein Auto, schnalle mich an, warte. Warte. Fahr schon!

Ich lasse den Motor an. Von meinem Beifahrersitz glotzt mit überheblichem Grinsen die Einsamkeit zu mir herüber. Feist, fett und mit einem Schrei, der beinahe mein Herz zerspringen lässt, klatscht sie mir in gemeiner Weise das Gefühl der Sehnsucht um die Ohren.

„Los, leide!“, ruft sie mir zu.

Tu ich doch!

Ich schaue in den Rückspiegel, sehe verschwommen die Scheinwerfer eines Autos und einen Blinker, der in die entgegengesetzte Fahrtrichtung zeigt.

Ich wische über meine Wangen, mach den Rücken gerade und lasse meine Sehnsucht wissen: „Ich habe meine Bodenhaftung nicht verloren, habe nur ein wenig geträumt. Sei mir gestattet, oder?“

# Alltagsgeschichten

Die folgenden Texte erzählen
**Alltagsgeschichten**.
Heiter bis wolkig, launig
oder unverhofft
kommen sie daher.
Ihr subtiler Humor
verleiht ihnen Charme.
Ihr Thema mag sich als Teil
in jedermanns Leben
wiederfinden
oder auch nicht.

*Sich in eine andere Welt oder an einen anderen Ort zu träumen ist unglaublich fantastisch.*

*Es gab eine Zeit in meinem Leben, da war ich Vollzeitmutter, Hausaufgaben-Beaufsichtigende, Krankenschwester, Haus- und Garten-Verantwortliche, Ehefrau und mich selbst Vergessende. Eines Tages geschah etwas ganz Wunderbares.*

## Urlaub an der Cote d'Azur
oder *Steig mit mir aus*

Irgendetwas stimmte heute nicht.

Schon als ich die Kinder zur Schule verabschiedet und mich wie jeden morgen den glanzlosen Waschbecken, Duschen und zerwühlten Betten zugewandt hatte, war ich ins Grübeln gekommen. Diese stupide Monotonie des Alltags. Immer dasselbe. Seit zehn Jahren schon.

Ich fahre in die Stadt, um Einkäufe für unseren Urlaub zu erledigen. Bald werden wir mit dem Wohnwagen nach Südfrankreich reisen. Schon bei dem Gedanken an die riesigen Märkte mit den hunderten von Ständen kommt eine gewisse Sehnsucht in mir auf.

Der Duft nach gebratenen Hähnchen, nach Kräutern der Provence steigt mir in die Nase. Ich höre die Marktbeschicker ihre Ware anpreisen. Menschen schieben sich an den Ständen vorbei und es ist wunderbar warm. Frühling an der Cote d'Azur.

„Was darf's denn sein?", holt mich eine Frauenstimme in die Wirklichkeit zurück. Ich stehe vor Uschis Käsetheke, einem Verkaufsstand auf dem heimischen Wochenmarkt.

Urlaubsreif bin ich. Urlaubsreif und gefrustet, damit erklärt sich meine melancholische Stimmung.

Kurz vor Mittag habe ich sämtliche Einkäufe erledigt. Die Taschen sind schwer. Um zu verschnaufen, nehme ich Platz auf dem Rand des Tine Brunnens, mitten auf dem Marktplatz.

Schön ist es hier. Buntes Treiben, immer donnerstags, am Wochenmarkttag. Von den Älteren kennt hier jeder jeden, und alle haben Zeit für einen kurzen Plausch. *Moin, hest all hört ...?*

Aus dem heruntergelassenen Fenster eines vorbeifahrenden Autos schallt die Stimme von Udo Jürgens, der einfach nur so zum Spaß einmal nach Paris will:

*„Ich will endlich mal raus,*
*darum treff ich dich morgen,*
*steig mit mir aus"*,

höre ich laut das mir aus der Seele Gesprochene.

Der Text schlägt mir voll auf's Gemüt. Mist! Klingt wie eine Aufforderung, Ermunterung. Ich will auch endlich mal raus. Endlich einmal! Ich schniefe kurz etwas Nasenflüssigkeit hoch, wische mir über die Augen und verlasse aufgekratzt meinen beschaulichen Platz auf dem Brunnenrand.

*ICH WILL ENDLICH MAL RAUS!*, dröhnt es in meinen Ohren. *ENDLICH MAL RAUS*, hallt das Echo in meinem Kopf.

Gegenüber der Treppe des alten Husumer Rathauses überquere ich die Straße. Ich steige wie ferngesteuert entschlossen die Giebeltreppe hinauf und nehme Kurs auf das Personalbüro. Laut Wegweiser muss ich ins erste Obergeschoss.

Forsch klopfte ich an die Tür, und ohne eine Aufforderung zum Eintreten abzuwarten, betrete ich das Büro.

„Guten Tag", spreche ich die Dame hinter dem Schreibtisch an, „ich möchte mich erkundigen, ob die Verwaltung eine Halbtagsstelle zu besetzen hat. An wen muss ich mich wenden?"

„Da gehen Sie am besten zu Herrn Jürgens. Zweite Tür links auf diesem Flur."

Bingo! Wenn das kein Zufall ist. Zu Herrn Jürgens. Rainer Jürgens allerdings.

Beherzt und ohne weiter darüber nachzudenken, was ich hier gerade tue, klopfe ich an die besagte Tür.

Ich schildere Herrn Jürgens mein Anliegen und schließe mit den Worten: „Es mag ein bisschen vermessen sein, zu glauben, dass Sie für mich eine passende Stelle haben, aber manchmal hat man ja auch Glück."

„Sie haben Glück!", sagt mein Gegenüber. „Wir brauchen Verstärkung im Steueramt."

„Tja, dann nehmen Sie mich doch. Ich bin fleißig, ehrlich und habe immer gute Laune."

So einfach sei das nicht, erwidert der sympathische Mann, aber ich könne mich bewerben.

*„Ich will endlich mal raus, steig mit mir aus"*, rollen die Worte wie eine mächtige Welle über meinen Gehörgang und wecken unbändigen Elan und Entschlusskraft in mir. Ein Job wird meinem tristen Alltag ein kleines bisschen Farbe geben.

In Windeseile stelle ich meine Bewerbungsmappe zusammen und werfe sie noch am selben Tag in den Verwaltungspostkasten.

*„Endlich mal raus!"*

Raus aus dem Wäschewasch-, Waschbeckenputz-, Bettenmach-, Mittagessenkoch- und Bohneneinweckprogramm. Täglich nur ein paar Stunden.

Tja, und dann das.

Der Einladung zu einem Vorstellungsgespräch folgte wenig später die Zusage, dass ich zum übernächsten Monatsersten einen Job hatte.

Am Anfang war die Assoziation vom Aussteigen. Überrollt von Emotionen hatte ich meine Krisensituation durch intuitives Handeln in ein beachtliches Resultat verwandelt.

Ich wollte platzen vor Freude, aber mit wem konnte ich sie teilen? Mit meiner Familie war nichts besprochen. War ich doch frustriert vom farblosen Hausfrauen- und Mutterdasein wie hypnotisiert ins Rathaus gestiefelt. Mehr war das doch nicht, und jetzt das. Ich hatte einen Job!!!

Schnell war klar: Im Urlaub würde ich mit der auch für meine Familie – hoffentlich freudigen – Überraschung herausrücken. Im Urlaub – im Frühling an der Cote d'Azur.

# Der Betriebsausflug

Einige waren ins Café gegangen, andere in den Park. Anna, Ingrid und Marie hatten sich für die Paula Modersohn-Becker-Ausstellung entschieden. Ihr Kollege Andreas hatte sich ihnen angeschlossen. Wegen seiner unkompliziert offenen Art wurde Andreas sehr geschätzt. Er scherzte auf eine Weise, mit der er niemandem zu nahe trat, machte keine anzüglichen Bemerkungen und profilierte sich nicht durch lautstarkes Herumgetue. Anna mochte ihn. Zu Viert hatten sie einen heiteren Nachmittag verbracht.

An der Gerichtsstraße warteten nun die Busse, um die Belegschaft zum Hotel zu bringen. Hier sollte der Betriebsausflug mit einem Abendessen und Tanzbeinschwingen enden.

Im Bus hatte Anna einen Fensterplatz ergattert. Ihren Kopf an die Scheibe gelehnt dachte sie daran, schon bald in einem Taxi auf dem Nachhauseweg zu sitzen. Wenn Johann doch nur nicht so eifersüchtig sein würde.

Im Saal des Hotels angekommen, stürmten hungrige Menschenmassen das gigantische Buffet. Diszipliniert sah anders aus. Anna hasste diese ungezügelte Verfressenheit.

Einige wenige waren auf ihren Plätzen geblieben, warteten, bis der erste große Ansturm vorüber war. In Anbetracht der übervollen Teller schien es allerdings fraglich, dass etwas übrig bleiben würde.

Andreas hatte an der langen Tafel neben Anna Platz genommen. Statt der kurzen Hose trug er jetzt eine Jeans. Anna angelte nach ihrer Tasche, die beim Stuhlrücken unter den Tisch gerutscht war. Dabei fiel ihr Blick auf Andreas' Füße. Große nackte Füße in Sandalen. *Mindestens Größe siebenundvierzig,* dachte Anna bei sich, während Andreas sich ebenfalls um das Aufheben der Tasche bemühte. Unter dem Tisch stießen ihre Köpfe zusammen. Lächelnd hängte er sie an ihre Stuhllehne. Er strich kurz über Annas Arm und mit den Worten „Komm, Zeit, sich etwas zu essen zu holen", verschwand er Richtung Buffet. Seine Berührung durchfuhr Anna wie ein Stromschlag. Von jetzt auf gleich war ihre Kehle zugeschnürt. Null Appetit, flau im Magen. Ein Kribbeln im Bauch, Schwindel im Kopf und weiche Knie.

*Oh mein Gott?!*

Anna reicht dem Taxifahrer das Geld. Sie steigt aus dem Fahrzeug und atmet einmal tief durch. Der schmale Kiesweg zum Haus knirscht lauter als sonst unter ihren Füßen. Lautlos öffnet der Schlüssel das Schloss der Haustür. Johann scheint das Nachtlicht in der Garderobennische ausgeschaltet zu haben. Es ist stockdunkel im Flur.

Auf Zehenspitzen schleicht Anna durch die offene Diele in die Küche und macht das Licht an der Dunstabzugshaube an. Mit einem Glas Wasser setzt sie sich an den Küchentisch, um vor dem Insbettgehen ein wenig herunterzukommen. Das Kribbeln im Bauch ist der Schwere gewichen, die sich immer einstellt, wenn Johann in der Nähe ist.

Vom oberen Flur vernimmt sie ein Geräusch. Es sind seine Schritte, zuerst auf den Fliesen, dann auf den dicken Stufen der Holztreppe. Er betätigt den Schalter der Lampe für den unteren Flur. Geblendet von dem plötzlich grellen Licht kneift Anna die Augen zusammen. Das Holz der Stufe knackt. Auf halber Höhe lehnt sich ihr Mann über das Geländer. Sein ironischer Tonfall trifft sie ins Herz.

„Du bist spät. Muss dir gefallen haben, euer Betriebsausflug. Weißt du eigentlich, wie spät es ist?" Da ist es wieder, das schlechte Gewissen, das sich stets einstellt, wenn Johann sie maßregelt. Und das tut er oft.

„Es ist gleich halb elf. Wieso kommst du erst jetzt? Passt es dir in unserer Ehe nicht mehr?"

„Es war nett, sehr nett sogar. Als die Band zu spielen begonnen hat, habe ich mich verabschiedet."

„Die Band zu spielen begonnen hat", wiederholt Johann mit Bitterkeit in der Stimme ihre Worte. Aus seinem Mund klingen sie wie ein höhnisches Echo.

Das Gefühl, das er in ihr auslöst, ist entwürdigend. Schlimmer als die Zurechtweisungen ihres Vaters, wenn sie als Jugendliche einmal nicht zur verabredeten Zeit nach Hause gekommen war. Johanns Verhalten hat etwas Verächtliches, Zerstörerisches.

Unmöglich kann sie sich jetzt neben ihn ins Bett legen. Sie würde wach liegen, die Decke anstarren und nicht wagen, zu atmen. Wenn es schlecht liefe, würde er mit ihr schlafen wollen. Ihr ist sonderbar zumute. Die Gedanken durcheinander, ein Gefühl, als wäre der Körper eine leere Hülle, versucht der Kopf, Ruhe zu finden.

Die Schmetterlinge im Bauch haben nicht überlebt.

*Vor einigen Jahren, als meine Enkel klein waren, liebte ich es, in den Wintermonaten zumindest, zum Omaeinsatz mit der Bahn zu fahren. Was Frau da so alles erleben kann, können Sie sich nicht vorstellen.*

## Reise nach Hannover

In meinem lila Wollpullover
sitz ich im D-Zug nach Hannover.
Kommt vorbei die Schaffnerin,
und die will mein Ticket sehn.
Ticket, Fahrschein, Mann o Mann,
heute, glaub ich, bin ich dran.
Gerade eben hatt' ich' s noch –
ach, die Tasche hat ein Loch.
„Fahr'n Sie einfach doch mit mir",
sagt eine Stimme neben mir.
„Ich hab bezahlt für zwei Personen,
da sollte sich die Fahrt wohl lohnen."
„Vielen Dank", sag ich verlegen,
und der Mann, der grinst verwegen.
Schaffnerin zieht schnell von hinnen,
doch mein Schweiß beginnt zu rinnen.

„Was haben Sie denn heut so vor?",
klingt seine Stimme an mein Ohr.
„Ich denk, der Tag, der wird ein Fest,
den Fahrschein ich, und Sie den Rest."
Ich glaub, ich habe mich verhört,
was will der Kerl, denk ich verstört.
„Hier ist das Fahrgeld", sag ich schnell,
doch seine Augen blitzen grell.
„Wo wollen Sie denn heute hin?",
frag ich, und hab in meinem Sinn,
er steigt gleich aus und ist am Ziel –
das alles ist ein bisschen viel.

Er sagt, er hat auf mich gewartet,
sei einfach in den Tag gestartet
mit einem Ticket, gleich für zwei,
und nun sei halt ich dabei.

Ein dicker Kloß liegt mir im Magen,
dann höre ich den Dicken sagen:
„Wir können ja noch überlegen,
wie wir heut' unsere Freizeit pflegen.
Hier ein Käffchen, dort 'nen Wein,
und niemand muss alleine sein."
„Sie spinnen wohl, Sie alter Affe,
ihre Anmache zum Kaffee
schieben Sie sich sonstwo hin,
so was ist bei mir nicht drin!"
Zwanzig Euro flattern dann
in den Schoß vom Nebenmann.
„Schönen Tag, auf Wiedersehn."
Ich steh auf und will grad geh'n,
da hör ich von hinter mir:
„Tolle Nummer, gratulier'."

Herr des Himmels, war der frech,
und geredet hat er Blech.
Ich will aus der Nummer raus,
steig am nächsten Bahnhof aus.
Was war das nur für ein Quark,
Gott sei Dank bin ich autark.
Zieh ein Ticket, und sodann
wart ich auf die nächste Bahn.

Eingestiegen, Platz genommen,
neue Menschen angekommen.
Große Gruppe junger Leute
macht Betriebsausflug wohl heute.
Die gute Laune nicht versteckt,
vielleicht liegt 's an der Flasche Sekt?

Eine Wohltat dies Abteil,
ich find junge Leute geil.
Bis der eine dann von ihnen
redet von VERNICHTMASCHINEN.
Was ist das denn? Denk ich mir,
der hat die Rentner im Visier.
„Man sollt sie heute schon entsorgen,
sie sind doch eh der Tod von morgen.
Mann o Mann, wie ich sie hasse,
Freitagabends an der Kasse,
zählen Kleingeld ohne Ende
dem Kassierer in die Hände.
Merken dann erst meist zum Schluss,
dass doch ein Schein dran glauben muss.“

Was der da sagt, das find ich dreist.
Was hat der nur für einen Geist?
Er fährt fort, wird immer frecher,
ziemlich dumm, der junge Zecher.
Und – wie sollt es anders sein –
jedem fällt dazu was ein.
Zum Thema Rentner, Alter, Greise,
und das sagen sie nicht leise.
Drei Minuten bis Hannover,
ich zupf zurecht mir den Pullover.
Steh auf und mach den Rücken grade:
„Junger Mann, ich find es schade,
dass Sie, sympathisch, wie Sie sind,
sich benehmen wie ein Kind.
Sollten doch ihr Schandmaul halten,
nicht so reden von den Alten,
bis Ihnen klar ist, was es heißt,
dass jemand sich den Arsch aufreißt.
Und überhaupt, das frag ich mich:
Sorgten Sie denn schon für sich?
War Ihnen Arbeit mal Vokabel,
oder der Alte nur spendabel?

Doch umso mehr, das hoff ich sehr,
wird irgendwann in ein paar Jahren,
ein Mann wie Sie Vernunft erfahren."

Ängstlich schaut die Nachbarin.
„Seien Sie doch lieber still."
Ich sage: „Still, das ist nicht gut,
im Alter hat man auch mal Mut,
vor den Jungen sich zu stärken,
woran sollten sie sonst merken,
dass sie fürchterlich sich irren,
wenn sie uns Rentner durch die Wirren
ihres Unvermögens äffen
und mit harten Worten treffen?
Dieser junge Mensch, der meckert,
hat sich nicht mit Ruhm bekleckert."

Da, Hannover Hauptbahnhof,
ach, das find ich aber doof.
Hätt' vertieft noch gern das Ganze,
doch ich krieg noch meine Chance.
Der junge Schnösel reckt die Glieder,
und seine Stimme tönt nun wieder:
„Sieh mal da, nun schau dich um,
da steh'n sie wieder alle rum.
Achtzig, neunzig – eine Plage,
macht doch Sinn, wenn ich euch sage,
nur weggesperrt und abgeschossen
hat man noch Spaß an den Genossen."

Die Tür springt auf und eins, zwei, drei
springt ein Polizist herbei,
legt dem Typ die Schellen an,
bevor der noch was sagen kann.
Die alten Leute in der Schlange
schau'n sich an und fragen bange:
„Was war das, wo kam der her,

wir wissen nichts, wir hören schwer?“
Mit feistem Grinsen im Gesicht
steig ich aus, denk: „Mehr geht nicht.“
Bahnsteig voll, Mann, ist das toll.
Junge Leute, alte Leute,
und die ganze Fußballmeute,
sitzen hier in großen Scharen
mit roten und mit grünen Haaren.
Tröten laut, dass ich glaub
gleich platzt mir das Trommelfell.
„Ganz schön laut am Bahnsteig, gell?“,
sagt die Omi neben mir.
An den Stufen helf’ ich ihr.
Sag: „Die Fans von sechsundneunzig,
von der Polizei begleitet,
fahr’n zum Spiel, ich weiß nicht wo,
und dann ist das eben so.“
„Wiederseh‘n und vielen Dank,
mich macht das hier alles krank.
Ach, da drüben steht mein Mann,
gut, dass der mich abhol’n kann.“
„Auf Wiederseh‘n“ sag ich zu ihr,
*so ein Scheiß*, denk ich bei mir,
*gleich schon drei,*
*einerlei –*
boxe mich durch das Gewühl,
und fragt nicht, wie ich mich fühl.
Ich hab genug von Zug und Bahn
und steure nun den Kröpcke an.
Beim Milchkaffee im Möwenpick
kehrt die Gelassenheit zurück.

*In der nächsten Geschichte nehme ich Sie mit in ein Schlafzimmer. Es ist nicht mein Schlafzimmer, ich schwöre es. In vielen Gemächern könnte sie sich abgespielt haben oder auch abspielen.*

*Freuen Sie sich auf*

# Schlafstörungen

Ich wache auf. Es muss noch sehr früh sein, denn rechts und links der Außenrollos dringt kein Tageslicht ins Zimmer. Vier Uhr dreißig verraten die gelben Ziffern des Radioweckers. Du schnarchst neben mir, rhythmisch und geräuschvoll, fast genussvoll, könnte man meinen. Ich pieke die Spitze meines Zeigefingers in deinen Rücken, woraufhin das Schnarchgeräusch jäh verstummt, allerdings nach drei Atemzügen wiederbelebt, gestärkt und in einem Fortissimo erneut den Raum beschallt.

Einigermaßen wach lausche ich deiner Darbietung. Plötzlich gesellt sich zu den Schnarchgeräuschen eine sich windende Gärung von Luftblasen, die durch deinen Dünndarm oder sonst wo in dieser Gegend umherziehen und sich nach endlosem Gluckern mit einem lauten Rülpser in meine Richtung entladen. Toll ist das gerade nicht!

Schlafen oder nicht schlafen, das ist hier die Frage. Versuchs noch mal, gebe ich mir die Antwort. Seitenwechsel. Atem fließen lassen, nicht überschäumen, den Übergang finden in das Land der Träume. „Du musst es nur wollen", sagt der kleine meditative Buddha in mir.

Fünf Uhr fünfzehn zeigt gnadenlos der Wecker auf dem Regal. Du räusperst dich, wechselst die Seite und ... schweigst. Alles an dir schweigt, kein Rülps, kein Pups, kein Schnarchen. Ich bin irritiert, richte mich auf, bringe mein Gesicht ganz nah an deines, um festzustellen, ob du das Atmen eingestellt hast. Just in diesem Augenblick, als hättest du nur mal gerade die Kräfte gebündelt, legst du gleich einem prall gefüllten Ballon, dem ungebremst die Luft entweicht, los. Erschrocken weiche ich zurück. Nur für einen einzigen Atemzug vibriert für Sekunden das Zäpfchen in deinem Hals. Dann ist es still, Mucksmäuschenstill.

Ich versuche in embryonaler Haltung und mit bis über beide Ohren gezogener Bettdecke noch einmal eine Mütze voll Schlaf zu ergattern. Das Experiment scheitert, als du deinen Körper, den Lattenrost geräuschvoll traktierend, auf die rechte Seite wirfst. Dir zugewandt vernehme ich nun deinen gleichmäßig fließenden Atem. Mit spitzem Ohr warte ich auf weitere, Schlaf störende Geräusche. Nichts. Absolute Ruhe. WAS IST LOS? Wenn du so still vor dich hin schlafen willst, beschleicht mich das Gefühl, dass etwas nicht stimmt, und bei diesem Gedanken kann ich dann auch nicht einschlafen! Das ist unfair.

Sechs Uhr. Nichts geschieht. Noch einmal wechsle ich auf meine Lieblingsschlafseite, umschließe mit beiden Armen die Nackenrolle, ziehe die Bettdecke bis ans Kinn. Ich spüre, dass sich meine Gesichtszüge entspannen und mein Körper endlich die ideale Schlafposition gefunden hat.

Plötzlich richtest du dich auf und polterst los: „Kannst du nicht endlich aufhören, dich im Bett von einer auf die andere Seite zu werfen? Dabei kann doch kein Mensch schlafen!"

Du stehst auf und gehst aus dem Zimmer. Nun ist wirklich Ruhe.

*Manchmal geht es im Wartezimmer zu wie in einem Taubenschlag. Ein Kommen und Gehen. Manchmal dauert es etwas länger. Nachstehend ein Erlebnis, das zum Nachdenken anregen darf.*

## Im Wartezimmer

Mehr als eine Stunde sitze ich im Wartezimmer meiner Ärztin. Neben mir eine Frau um die Sechzig. Ihr Kopf ist geneigt, die Hände reiben unaufhörlich aneinander, dann lässt sie die einzelnen Finger knacken. Hin und wieder vernehme ich ein Stöhnen und beobachte ein gelangweiltes Auf-die-Uhr-Schauen der übrigen Patienten. Warum geht es heute nicht voran? Einige sind in einer Unterhaltung vertieft.

Ich nehme wahr, wie die Frau auf dem Nebenstuhl sich mit dem Taschentuch ihre Tränen fortwischt. Dann knacken wieder ihre Finger. Die unruhigen Füße pendeln über dem Boden. Insgesamt wirkt sie angespannt und zerbrechlich.

„Wann haben Sie denn einen Termin?“, versuche ich das Fingerknacken zu unterbrechen.

„Ich bin für neun Uhr bestellt, aber mir ist es egal, wie lange es dauert, ich habe Zeit.“ Ein tiefer Seufzer entfährt der Frau. „Ich bin völlig mit den Nerven fertig, weiß nicht mehr, was ich machen soll. Würde gerne einmal zur Kur fahren. Noch einmal weg von allem. Sind Sie verheiratet?“

„Ja“, sage ich, „ich bin verheiratet.“

Die Sprechstundenhilfe unterbricht unseren Dialog und informiert uns Wartende, dass sich wegen eines Notfalls die Termine um etwa eine Stunde verschieben. Das Praxisteam bittet um Verständnis. Zeit genug, vielleicht noch einen Kaffee trinken zu gehen. Offensichtlich haben alle Kaffeedurst oder noch etwas zu erledigen. Zurück bleiben meine Stuhlnachbarin und ich.

„Verständnis. Was ist eine Stunde? Haben Sie für den

Kummer anderer Leute Verständnis?", ergreift die Frau neben mir sogleich wieder das Wort.

„Ich kann gut zuhören", sage ich und sie fährt fort, sich ihren Kummer von der Seele zu plaudern.

„Vielleicht hat der Notfall von Frau Doktor heute Morgen es ja geschafft. Manchmal ist ein Notfall auch ein Glücksfall. Ich meine, wenn es schnell geht, gibt es doch keine Not. Dann ist die Not vorbei, wenn Sie wissen, was ich meine. Aber wahrscheinlich haben sie nicht so krause Gedanken wie ich."

Sie hat aufgehört, ihre Finger zu reiben und sitzt auch sonst aufrecht. Die Füße pendeln nicht mehr. „Wissen Sie, mein Mann bekam letzten Samstag einen Anruf von seiner Schwester. Unser Schwager liegt im Sterben. Hat in seinem Leben dem Alkohol ziemlich zugesprochen, dazu noch viel geraucht. Jetzt ist Schluss, das Ende in unmittelbare Nähe gerückt. Manchmal denke ich: selber Schuld, manchmal kommen mir auch Zweifel. Hätten wir etwas für ihn tun können? Ich glaube nicht, der Alkohol ist ein schwieriges Kapitel. Außerdem haben wir mit unserem eigenen Leben genug zu tun, mein Mann und ich.

Ich bin ein ziemliches Nervenbündel. Seit Monaten versuchen wir Ordnung in Romans Geschäftspapiere zu bekommen. Roman, das ist mein Mann, diskutiert um jedes Blatt Papier. Er kann nichts wegwerfen, müllt sich langsam zu. Sein kleiner Tabakladen läuft nicht mehr, er wird ihn aufgeben müssen. Mich reibt das auf. Ich bin am Ende wie lange nicht mehr, bin nicht mehr belastbar. Ich würde ihm so gerne helfen. Einmal war ich schon in Therapie."

Wieder lässt sie ihre Finger knacken.

„Ich raste aus bei jeder Kleinigkeit. Wir haben so viele Baustellen, keine kann ich aushalten, kein Ende in Sicht, und alles ist kompliziert. Roman und ich streiten fast nur noch. Einer macht den Mund auf, der andere sagt etwas dagegen. Der Alltag ist so unglaublich schwierig geworden. Es ist schlimmer als damals, als ich noch in dem kleinen Handarbeitsladen gearbeitet habe. Oft weiß ich nicht, wohin, habe das Gefühl, ich müsste weg. Aber wo kann ich denn hin? Soll ich zu Freundinnen oder zu unseren Kindern? Keine Idee scheint mir hilfreich, eher unvorstellbar. Wer soll in diesem Zustand etwas mit mir anfangen, und was soll ich woanders?

Eine Therapie würde mir vielleicht noch einmal helfen, so wie vor fünf Jahren. Danach hat mein Alltag wieder Spaß gemacht. Aber alles ist wie weggewischt, vergessen, nicht greifbar.

Ich feinde Roman an, und er versteht mich nicht. Wie soll er auch? Ich habe das Gefühl, alles kaputt zu machen. Roman ist ein fröhlicher Mensch. Ich zerstöre ihn, langsam, aber immer ein bisschen mehr."

Wieder beginnt sie wie in Trance mit den Füßen zu pendeln und ihre Hände zu bearbeiten.

„Er hätte mich da lassen sollen, wo ich war. Eigentlich wollte er es ja auch. Jedenfalls hat er sich nicht großartig angestrengt, mich in seiner Nähe zu haben. Aber wo wäre ich denn dann heute, wenn nicht hier? Vielleicht schon gar nicht mehr, vielleicht zu Hause? Aber wo ist das – zu Hause? Ehrlich gesagt weiß ich das gar nicht so genau.

Ich war diejenige, die ihn wollte. Es ist eine Ewigkeit her. Er hätte alles so gelassen, wie es war. Er hatte eine Beziehung, und nebenbei hatte er mich. Tja, so sind sie, die Männer. Mir hat es nicht gereicht, ich wollte Nägel mit Köpfen. Und jetzt mache ich ihn unglücklich.

Eine kurze Zeit, nachdem ich zu arbeiten aufgehört hatte, ging es mir gut, sehr gut. Ich nahm ein Antidepressivum und alles war schön. Dann setzte ich das Medikament ab und die Stimmungsschwankungen fingen wieder an. Seit dem ist alles wie ein Tanz auf dem Seil. Vielleicht war es zu früh, die Tabletten abzusetzen, aber davon bekam ich immer Magenschmerzen. Und ständig dieser Konflikt mit den Medikamenten. Manchmal fielen sie mir aus dem Mund oder blieben im Hals stecken, weil ich fürchtete, einmal davon abhängig zu werden. Der Alltag ist völlig anders ohne die Pille. Der Freudefunke springt nicht mehr über. Haben Sie schon einmal ein Antidepressivum eingenommen?

Ich erlebe emotionale Höhen und Tiefen so intensiv wie schon lange nicht mehr. Ich liebe das Schöne, das Besondere, daran freue ich mich. Plötzlich kommt ein Schub von Traurigkeit und wischt wieder alles fort. Dann ist alles nichts!

Ich heule, tue mir selber leid und denke, dass es besser wäre, nicht mehr zu sein. Das mag voller Selbstmitleid klingen, aber das ist es nicht! Die Vorstellung von der Umsetzung dieses Gedankens erleichtert mich zuweilen. Manchmal kokettiere ich mit der Idee, meinem Leben ein Ende zu setzen, und wäge ab. Dabei empfinde ich keine Wehmut und Traurigkeit, das macht sie so reizvoll. Sozusagen mein Notfallplan, wenn gar nichts mehr geht. Wie soll Roman das verstehen, wenn er diese Stimmungen nicht kennt? Was können wir uns eigentlich noch zumuten? Manchmal bin ich unberechenbar und instabil. Darüber können wir nicht reden. Es endet, nein, es beginnt schon mit Rechtfertigungen. Die besseren Argumente zu haben führt nicht zum Ziel. Ich fühle mich wie ein Solist, der sein Instrument vergeigt hat, weiß nicht, wie es weitergehen kann. Im Augenblick bin ich voll auf dem Rückzug. Das Leben macht keinen Spaß mehr.

Vor zwei Tagen ging es mir gut. Ich ging in unserem kleinen Garten umher. Vögel zwitscherten, Tauben gurrten, und die Sonne strahlte vom Himmel herab. Ich dachte: Was für ein Paradies, wer hat so etwas erschaffen? Ich setzte mich in meinen Gartenstuhl und wünschte, dieser Tag würde nie enden.

Gestern jedoch, da haben genau wie vor zwei Tagen die Vögel gezwitschert und die Tauben gegurrt. Doch ich fühlte mich wie auf einem großen Friedhof, auf dem ich als einzig Lebende unter den Toten weilte. Die umliegenden Gräber, lieblos verwahrlost, glotzten mich an. Die Vögel zwitscherten, aber sonst war nichts, sie zwitscherten ins Leere. Ich hörte den Widerhall der Vogelstimmen, aber es war kein Gesang. Einsam, traurig und mit der Frage „Was soll ich hier?“ ging ich weinend ins Haus. Ist das absurd?!

Manchmal denke ich, ich bin verrückt. Auch jetzt, ich muss verrückt sein. Sie sind eine fremde Frau und ich erzähle Ihnen meinen ganzen Kummer. Aber Sie hören jedenfalls zu. Wer hört schon noch zu, wenn jemand etwas sagt?

Meine wirren Gedanken habe ich niedergeschrieben und sie Roman vorgelesen. Es war eine gute Idee, denn er hat mir endlich einmal zugehört, und er war sehr betroffen. Er hat mich in den Arm genommen und gemeint: „Wir kriegen das schon wieder hin, mein Mädchen.“

„Ich weiß, dass wir es hinkriegen, aber es ist so verdammt schwer“, habe ich gesagt, „so schwer, weil wir sind, wie wir sind.“ Jetzt frage ich Sie: Wer kommt eigentlich noch zurecht in seinem Leben, und wie gerecht ist das Leben? Das ist alles ganz schön haarig, sage ich Ihnen. Haben Sie eine Lösung? Wüssten Sie einen Weg aus diesem Dilemma?“

Zum ersten Mal schaut sie mich an. Ich sehe ihren leeren Blick aus trüben, blauen Augen, die die Traurigkeit ihrer Seele spiegeln.

Die Sprechstundenhilfe ruft die nächste Patientin auf. Meine Nachbarin erhebt sich und verlässt sichtbar kraftlos das Wartezimmer. „Ich wünsche Ihnen alles Gute“, sage ich hinter ihr her.

Von ihrem Wortschwall ist mir ganz schwindelig. Mein Hexenschuss scheint mir ein Nichts zu sein und ich frage mich, ob ich meinen Rücken nicht ohne Arzt wieder hinkriege.

Wie war das doch noch? Wir kriegen das schon wieder hin, aber es ist so verdammt schwer, weil wir sind, wie wir sind.

# Märchen

## Märchen

im herkömmlichen Sinn sind im Folgenden nicht zu
finden. Vielmehr handelt es sich um Märchen
nach den Gebrüdern Grimm,
deren Überlieferungen
an dieser Stelle in Versform
deren Botschaften überbringen.
Darüber hinaus mögen moderne Märchen,
erfundene Geschichten,
die werten Leser erfreuen.

## Hans im Glück

Nach Jahren in der Fremde
zieht's Hans zurück nach Haus,
will heim zur Mutter gehen,
spricht: „Herr, zahlt mich doch aus."
„Dein Dienst war ehrlich, gut und treu,
nimm diesen Klumpen hier.
Für sieben Jahre Dienst bei mir
gehört er fortan dir."

Hans nimmt das Gold, das große Stück,
und macht sich auf den Weg.
Die Last wird schwer. Ist das sein Glück?
Er weiß es nicht, mal sehen.

Die Beine werden ihm schon lahm,
der Kopf ist leicht geneigt.
Auf munt'rem Pferd ein fremder Mann
sich auf dem Wege zeigt.

„He du, was quälst du dich denn so?
Sieh mal, ich hab es gut.
Mein Pferd trägt mich, wohin ich will,
selbst in der Mittagsglut."

Hans kommt er recht. So frohgemut
möcht er jetzt gerne sein.
„Gib mir dein Pferd, du kriegst mein Gold,
das tausch ich gerne ein."

Gesagt, getan, die Freud ist groß.
Hans reitet durch die Welt.
Des Reiters Rat „hopp, hopp mein Ross"
zeigt Hans, wie leicht man fällt.

Das Pferd läuft fort. Hans liegt im Graben.
Ein Bauer fängt es ein.
„Würd' gern des Bauern Milchkuh haben",
denkt Hans, „wie wär das fein."

„Komm tausch mit mir", der Bauer spricht,
„mach nicht so ein Gewese."
Hans freut sich sehr und denkt sogleich
an frische Milch und Käse.

Hans treibt die Kuh nun vor sich her,
zufrieden mit dem Tausch.
Der letzte Handel freut ihn sehr,
er fühlt sich wie im Rausch.

Doch dann, die flirrend große Hitze
bringt Hänschen fast zum Welken.
Er nimmt als Eimer seine Mütze,
versucht die Kuh zu melken.

Soviel am Euter er auch zerrt –
das Vieh ihm ein Geschenk verwehrt.
Kein Tröpfchen Milch ist zu entlocken,
nun fängt das Tier noch an zu bocken.

Es tritt den Hans, verpasst ihm 'nen Schlag.
Kommt ein Metzger des Wegs, der zu helfen vermag.
Er reicht ihm Wasser, er baut ihn auf,
sagt, dass die Kuh nur zum Schlachten noch taugt.

Hans meint: „Das Kuhfleisch ist nicht saftig.
So 'n Schweinchen wäre was, wahrhaftig."

Wieder einmal läuft alles recht gut.
Getauscht wird Kuh gegen Schwein.
Hans fühlt sich prächtig, schöpft neuen Mut
und stellt die Verdrießlichkeit ein.

Er ist überglücklich, das Leben ist fein.
Er trifft auf den Mann mit der Gans,
berichtet diesem vom Gold, Pferd und Schwein,
doch der Mann mit der Gans macht ihm Angst.

Das Schwein, es soll gestohlen sein.
Der Hans gerät in Not.
Drum tauscht er schnell sein Schweinchen ein
und träumt von Gänsefettbrot.

Frohgemut zieht er nun weiter,
denkt an sein Mütterlein.
Das Glück, es ist sein Wegbegleiter,
bald wird zu Haus er sein.

Im letzten Dorf, da steht er still,
lauscht einem Scherenschleifer.
„Das ist doch alles, was ich will!“,
ruft Hans ganz voller Eifer.

Tauscht Gans mit Schleifstein
und freut sich gar sehr.
Er stellt sich die Frage:
„Was will ich mehr?“

Zieht froh des Weges und ruft voller Wonne:
„Kein Mensch ist glücklicher unter der Sonne!“

Die Last des Steines drückt ihn bald sehr,
in der Hitze des Tages wurde er schwer.
Am Brunnenrand legt er ihn ab,
dort plumpst er in die Tiefe hinab.

„Ich bin so glücklich, ich bin so befreit,
bin für ein anderes Leben bereit!
Mein Gott, ich schicke dir meinen Dank
für alles, was mir durch dich gelang.“

Und die Moral von der Geschicht':
Willst du die Last des Lebens nicht,
entsorge täglich Stück um Stück,
so triffst du auf das größte Glück!

## Rapunzel

Rapunzels Eltern, wie man weiß,
waren arm, was schließlich heißt:
bescheiden – nicht in Saus und Braus
lebten sie im Hinterhaus,
von dem man in den Garten sah,
der wundersam und prächtig war.
Rundherum 'ne Wand aus Stein –
ein Fremder kam da nicht hinein.

Hinter dieser hohen Mauer
wohnte kein Gemüsebauer.
Des Gartens Eigentümerin
war eine mächt'ge Zauberin.

Ein Beet mit köstlicher Rapunzel
erzeugte lüsternes Geschmunzel
der Frau, sie konnt' nicht widersteh'n,
wollt' sie auf ihrem Teller seh'n.

„Mein lieber Mann, die muss ich haben,
daran möcht' ich mich heute laben.
Hol die Rapunzeln doch für mich,
ich schwöre dir, sonst sterbe ich."

Dem Mann ward Angst und auch ganz bang,
er zögerte deshalb nicht lang.
Als dann die Dämmerung fiel herein,
brach er in diesen Garten ein.

Doch der Frau, sehr blass und fahl,
reichte nicht dies eine Mahl.
Der Salat war ein Gedicht.
Noch einmal stehlen hieß die Pflicht.

Oh weh, Frau Gotel war zugegen.
Sie wollt sich etwas überlegen.
Und plötzlich dann verblasst' ihr Zorn.
„Ich krieg dein Kind, wenn es gebor'n",
sagte sie dem bangen Mann,
der in Windeseile dann
der Frau frische Rapunzeln brachte,
was die Gattin glücklich machte.

Dann die Geburt, der schlimme Deal:
Für eine Mutter war's zu viel.

Frau Gotel war sofort zur Stelle.
Sie trug das Kind über die Schwelle,
das Kind, das sie Rapunzel nannte,
das seine Eltern niemals kannte.

Zwölf Jahre später, weh und ach,
wurde das Mädchen fortgebracht.
Sie sperrte es ein in dem Turm im Wald
und sagte dem Kind: „Ich komme bald."
Ohne Treppe, ohne Tür,
saß allein das Kind nun hier.
Am ander'n Tag geschah es dann,
Frau Gotel rief Rapunzel an:
„Rapunzel, lass herunter dein Haar!"
Das Haar, wie gesponnen' Gold es war.
„Rapunzel, Rapunzel, hörst du mich nicht?
Ohne dein Haar schaff ich es nicht!"
Rasch knoteten die Finger fest den Zopf,
Den es flochte gekonnt aus seinem Schopf.

Herab fiel das Haar, einer Leiter gleich,
mittels jener Frau Gotel das Kind erreicht'.
Sie brachte ihm Essen, war schnell wieder fort,
auf der güldenen Leiter verließ sie den Ort.

Rapunzel in seiner Einsamkeit
frönte dem Gesang, man hörte ihn weit.
Ein Königssohn, verzaubert vom Klang,
sprach: „Was für ein lieblich Gesang?"

Eine Weise, die tief sein Herze berührte,
er nun ein großes Verlangen verspürte,
zu schauen, wo sich das Stimmlein versteckte,
und als er den Kopf nach den Baumwipfeln reckte,
erblickte ein Weib er am Turme im Walde.
Doch plötzlich die liebliche Stimme verhallte.
„Rapunzel, lass herab mir dein Haar",
anstelle der Weise zu hören war.
Herab fiel das Haar, einer Leiter gleich,
mittels jener Frau Gotel das Kind erreicht'.

Der Königssohn, erahnte sein Glück,
doch kehrte er vorerst nach Hause zurück.
Am nächsten Tag wollte er versuchen
Rapunzel im Turme zu besuchen.

„Rapunzel, Rapunzel, lass herab mir dein Haar",
rief der Jüngling ihm zu und unmittelbar
fiel herab das Haar, einer Leiter gleich,
mittels jener der Prinz Rapunzel erreicht'.

„Du bist so schön, komm mit, werde mein!"
Doch Rapunzel, sehr scheu, wollt' nicht voreilig sein.
Der Prinz sollt' dem Mädchen Seide bringen,
die Stränge wollte es miteinander verschlingen,
zu einer Leiter, auf der ihnen bald
die Flucht gelingen sollt' aus dem Wald.

Wohl doch nicht gut genug geplant.
Frau Gotel hatte etwas geahnt.
„Du gottloses Kind hast mich hintergangen,
und mit dem Jüngling was angefangen!

Doch damit ist Schluss!“ – und schnipp und schnapp
schnitt sie Rapunzel die Haare ab.

Das schöne Glück war nun vorbei,
sie brachte das Kind in die Wüstenei,
kehrte dann zurück zum Turm in den Wald,
erwartete den Prinzen, und der kam bald.

Befestigte am Fenster den langen Zopf,
erblickte bald schon des Jünglings Schopf.
Begann zu keifen in schrillem Ton –
dem Prinzen schwanden die Sinne schon.

„Sieh da, du willst die Frau Liebste holen,
du Bastard hast ihr die Unschuld gestohlen!
Sie ist nicht mehr hier, der Vogel ist fort.
Ich bracht’ ihn an einen schrecklichen Ort.“

Der Königssohn, von Verzweiflung geplagt,
wurd’ von der Alten vom Turm gejagt.
Er sprang in die Tiefe, ganz ohne Sicht –
die Dornen zerstachen sein Augenlicht.

Nun war er blind und von Wurzeln und Beeren
musst‘ er sich die nächsten Jahre ernähren.
Er irrte umher, die Zeit verrann.
Eines Tages er ein Stimmlein vernahm.
Eine Stimme, die ihm so sehr vertraut,
lieblich, doch traurig, und gar nicht laut.

Rapunzels Tränen – sie weinte vor Glück –
brachten sein Augenlicht ihm zurück.

Und nun erst konnte beginnen das Märchen
von Rapunzel, dem Prinz und dem Zwillingspärchen.

*Die Geschichte vom kleinen Mann mit den roten Haaren entstand aus der Aufgabenstellung, folgende Wörter in einem Text unterzubringen: Kleiner Mann mit roten Haaren, Porta Westfalica, Wolkenloser Himmel, Weser und Raddampfer.*

## Der kleine Mann mit den roten Haaren
oder *Wie die Westfälische Pforte entstand*

Ein kleiner Mann mit roten Haaren sitzt auf einem Stein in der Mittagssonne. Eine Weile hat er dem Treiben des Teufels zugeschaut.

„Was führst du im Schilde, du garstiger Belzebub?", spricht er ihn an. „Schaut aus, als säße dir ein böser Streich im Nacken. Verrate mir deinen Plan."

„Ha, ha, ha", hebt der Teufel mit gewaltiger Stimme an. „Ich werde den Menschen im Wesertal einen Denkzettel verpassen! Sie sind so fromm, zum Gotterbarmen fromm! Ich werde sie lehren, was es heißt, mich, den Teufel, zu ignorieren! Damit ist es vorbei! Wahrlich, ich werde ihnen einen exorbitanten Denkzettel verpassen! Nur einige werden mein gigantisches Desaster überleben und die Gottesfurcht wird ihnen ausgetrieben sein, ein für alle Mal! Sie werden mich anbeten und verehren, dafür, dass ich ihnen ihr Leben ließ! Ha, ha, ha, ha!!!"

„Verrate mir dein Vorhaben, du größtes aller Ungeheuer!"

„Pass auf, du kleiner Naseweis. Heute in der Dämmerung werde ich dicke Felsbrocken in den Gebirgswall bringen. Das Wasser der Weser wird sich stauen, sich ausbreiten und die Menschen und ihre Dörfer überspülen. Ha, ha, ha! Das ist die genialste Idee, die ich je hatte."

Der kleine Mann mit den roten Haaren erschrickt zutiefst. Beinahe springt ihm sein Herz aus dem Hals. Er rennt, was das Zeug hält, rast im Wesertal von Haus zu Haus und verbreitet die Schreckensnachricht unter den frommen Menschen. Diese fliehen allesamt, lassen Hab und Gut zurück und retten sich in die Gebirge. Von dort aus werden sie zusehen müssen, wie ihre Häuser in den Wassermassen versinken. Sie flehen zu Gott, er möge sich ihrer erbarmen.

Am Abend des nächsten Tages zieht ein mächtiges Gewitter auf. Das Getöse des Unwetters ängstigt die Menschen, sie glauben, ihr Ende ist gekommen. Ein gewaltiger Donnerschlag folgt dem Blitz und unter ohrenbetäubendem Lärm spaltet sich der Gebirgszug. Die Wassermassen können abfließen und die Weser in ihr Bett zurückkehren. Die Häuser, Hügel und Felder treten aus den Fluten wieder hervor.

Auf diese Weise, so erzählt man, entstand die Westfälische Pforte.

Am nächsten Tag sitzt bei wolkenlosem Himmel ein kleiner Mann mit roten Haaren lächelnd am Fluss. Auf der Weser schnaubt der Raddampfer Richtung Porta Westfalica.

# Frühlings Erwachen

Mit dem rechten Ärmel seines gewaltig ausladenden Umhanges aus einem Voile ähnlichem Stoff in pastellfarbenen Tönen wischte der Frühling sich die Müdigkeit aus dem Gesicht. Heute war sein Tag gekommen. Ja, heute war es so weit, es gab keinen Zweifel. Vor ein paar Wochen hatte er schon einmal einen Versuch unternommen, sich über das Land auszubreiten, aber die Unerbittlichkeit des Winters hatte ihn zurückgedrängt. Ein unfreundlicher Genosse, der Winter, und so penetrant. Immerhin schwächelte er in den letzten Tagen, war kraftloser geworden. Wahrscheinlich war ihm klar, dass die Zeit seines Rückzuges gekommen war.

Das „zizidä" der Meisen und die vereinzelt aus der noch hart gefrorenen Erde hervorbrechenden weißen Mützchen der Schneeglöckchen mussten ihm den Garaus gemacht haben. Den Anblick konnte der Winter nicht ertragen.

Nach dem Kalender war es eigentlich noch nicht so weit. Aber danach ging es ja nicht immer. Jeder Einzelne, ob Mensch oder Tier, sehnte nach der langen, kalten Zeit ein bisschen Wärme herbei.

Bereits seit einigen Wochen war der Frühling gedanklich sehr kreativ unterwegs gewesen. Er hatte sich ausgemalt, wie prächtig sich die Kreaturen unter seiner Sonne entwickeln würden. Damit er auch nichts von alledem vergaß, hatte er sich Notizen in sein Erinnerungsbuch geschrieben. Jeden Winter notierte er hier seine Einfälle für die kommende Saison, weswegen das Buch auch sehr umfänglich war. Sorgfältig blätterte er in den Seiten. Er suchte nach den Zutaten für das kommende Frühjahr. Wo hatte er sie nur abgelegt? Manchmal war er nicht besonders ordentlich, und so kam es schon mal vor, dass die Blätter ein wenig durcheinander gerieten. Als er endlich fündig geworden war, tropften ihm vor Erleichterung ein paar Schweißperlen von der Stirn, und schon bald war er in den Aufzeichnungen versunken.

Das miese Grau der Landschaft würde er in Nullkommanichts ins Gegenteil verwandeln. In diesem Jahr wollte er alles ganz besonders schön gestalten. Am offiziellen Frühlings-Eröffnungstag sollte die Welt in ihrem schönsten, buntesten und duftigsten Kleid dastehen, das jemals irgendjemand an ihr gesehen haben würde. Der Frühling wollte sich selbst übertreffen.

Nun galt es aber, keine Zeit zu verlieren. Zunächst schickte er sanft eine gewaltige Portion laue Luft über das Land, als Zeichen dafür, dass die Menschen ihre dicken Stiefel, Schals und warmen Mäntel in die Keller tragen konnten. Sein laues Lüftchen sandte allen Lebewesen die Botschaft, dass es nun Frühling und es mit dem Winter vorbei sei. Ja, das war seine Berufung, Frühlingsgefühle auf die Erde zu schicken. Der Beginn seiner Zeit schenkte allen das Gefühl neuen Lebens. Er sandte Impulse aus, die Hoffnungen und Lebensgeister weckten, die den schrulligen Winter vergessen ließen.

Mehr als in den vorherigen Jahren war dieser, sein erster Arbeitstag, anstrengend gewesen. „Das mag am Alter liegen“, murmelte er vor sich hin. Der Gedanke, dass es mit dem Winter nun vorbei war, ließ ein Lächeln über sein Gesicht huschen. Die Zukunft gehörte ihm! Er würde der Natur ein prächtiges Gewand anziehen, Düfte verbreiten und Menschen glücklich machen.

Bevor er sich in die Nachtruhe begab, blies er sich noch einmal richtig auf, und in den lautesten, ihm zur Verfügung stehenden Tönen ließ er den Winter wissen: „Verzieh dich, die Leute haben genug von dir, die Zeit gehört jetzt mir!“

Der Winter schickte sich an, dicke Backen zu machen, aber zum Widerstand reichte es nicht. Dazu war er bereits zu schwach. Seine Saison war zu Ende, er hatte sich seinen Winterschlaf verdient und begab sich auf der Stelle in denselben.

Zufrieden setzte sich der Frühling in seinen Riesenschaukelstuhl, der direkt am Fuße der dicken Wolke „Schau über das Land", unweit der Himmelspforte, stand, schloss die Augen und begann sanft auf den großen Kufen hin und her zu schaukeln.

„Hast du auch an alles gedacht?", riss die Wolke den Frühling aus seinen Träumen.

„Klar", antwortete dieser schläfrig.

„Hast du wirklich? Ich meine, hast du den Menschen Glückshormone geschickt, den Vögeln Bescheid gegeben, dass sie ihre Nester vorbereiten, weil die Zeit zum Paaren und Brüten gekommen ist, Winterdepressionen bei den Menschen fort gefegt, den bunten Krokussen die Füße gekitzelt, den Kirsch- und Apfelbäumen gehaucht, dass ..."

Die Wolke „Schau über das Land" unterbrach ihren Redeschwall, als sie bemerkte, dass der Frühling leise und gemütlich zu schnarchen begonnen hatte.

„Wie dumm von mir", sagte sie zu sich selbst, „er ist doch kein Anfänger."

*Im nächsten Text handelt es sich – wie auch in richtigen Märchen – um die mündliche Überlieferung einer wahren Begebenheit. Es erwartet den Leser ein modernes Märchen, in dem die personifizierte Liebe der Protagonistin ordentlich zu schaffen macht.*

## Tilda und die Liebe

Ich bin da", sagt die Liebe und macht es sich auf Tildas rotem Sofa gemütlich.

„Ich weiß", antwortet Tilda mehr gelangweilt als erfreut. „Allerdings habe ich nicht wirklich mit dir gerechnet, ehrlich gesagt gehofft, dass du mich zukünftig verschonen wirst mit deiner, nennen wir es mal: Mission. Was mich betrifft, ich bin kuriert von dir, du LIEBE."

„Bist du nicht" erwidert die Liebe. „Neulich auf der Party von Leni und Knut hast du geflirtet, was das Zeug hält. Von kuriert oder abgeneigt sein war da nicht ein Fünkchen zu erkennen. Deine Blicke, dein Gesichtsausdruck, du hättest dich selber sehen müssen. Den lieben langen Abend bist du nicht von seiner Seite gewichen."

„Der Abend ist vorbei und der Mann Geschichte. Eine nette Begegnung, mehr war das nicht!"

„Da geht aber noch was. Mir kannst du nichts vormachen", lässt die Liebe nicht locker. „Glaub mir, ich kenne mich da aus, schließlich bin ich vom Fach."

„Nun mach mal halblang! Der Typ hat woanders was am Laufen, und ich? Habe gerade die Fliege gemacht, heraus aus dem goldenen Käfig des Patriarchats. Einem gebrannten Kind kannst du mit so etwas nicht kommen. Da kann nix gehen, verstehst du!? Am besten, du verschwindest auf der Stelle und auf Nimmerwiedersehen aus meinem Leben, du Meisterin in Sachen Leidenschaft und Zärtlichkeit."

Die Liebe sagt nichts. Sie weiß, was sie gesehen hat. Im Augenblick würde Tildas Befindlichkeit nur Kontraproduktives hervorbringen. Da ist Schweigen und Tilda sich selbst und ihren Gefühlen zu überlassen die klügere Alternative.

„Sie wird sich eingestehen müssen, dass ihr Vorsatz, sich dem anderen Geschlecht gegenüber distanziert zu verhalten, ziemlich außer Kontrolle geraten und sie ordentlich am Flirten gewesen ist. So etwas hat immer ein Nachspiel“, denkt die Liebe bei sich.

Tilda findet keinen Schlaf. Sie denkt an Oscar, an den zauberhaften Abend, die Gespräche, an das kuschelige Sofa, auf dem sie gemeinsam saßen, als das Marlene-Jaschke-Double mit dem Finger auf Oscar gezeigt und Tilda gefragt hatte, ob er „ihrer“ sei und ihre Freundin laut „noch nicht“ gerufen hatte.

Sie hatten gelacht. Alle hatten gelacht und es spaßig gefunden. Spaßig, nicht mehr und nicht weniger. Eine Frau Jaschke tritt auf, um Spaß zu bereiten und nicht um Liebesbeziehungen oder Ehen anzubahnen. Das muss nicht plötzlich so interpretiert werden, dass die Liebe sich genötigt fühlt, sich einzumischen. Wahrhaftig nicht.

„Herrje, ich bin doch nicht auf dem Heiratsbasar!“, ruft Tilda sich zur Ordnung und wälzt sich auf ihre Lieblings-Schlafseite. Gefühlte zehn Mal hat sie die Seite gewechselt. Der Schlaf will einfach nicht kommen. Die Vorhänge vor den Fenstern sind dünn, die Sterne am klaren Nachthimmel zu erkennen.

„Er hat erwachsene Kinder und ist Single mit wechselnden Beziehungen“, gehen ihre Gedanken erneut auf die Reise. „Seine Liebste ist in Spanien im Urlaub. Das hat sie nun davon ...

Wie bitte!? Was soll denn das jetzt? Wer hat was wovon? So ein Quatsch! Frau ist nicht da, Mann flirtet, was das Zeug hält. So herum wird ein Schuh daraus. Also vergessen, den Kerl.“

Einige Wochen später:

„Wie sieht's denn aus?", fragt die Liebe und steuert direkt Tildas rotes Sofa an.

„Ich hätte mir denken müssen, dass du nicht lockerlässt. Hast dich ganz schön eingemischt, mich inspiriert und mir regelrecht einen Floh ins Ohr gesetzt. Ich habe Dinge getan, die ich eigentlich nicht tun wollte."

„Die da wären?"

„Ich habe mich mit Oscar getroffen."

„Und?"

„Stundenlang schlenderten wir durch den Park und um den See herum. Die herbstliche Sonne schickte ihre Strahlen durch die Bäume, die sich im klaren Wasser des Sees brachen. Ein Zauber lag in der Luft. Eng beieinander saßen wir auf einer Bank und genossen den Augenblick. Beeindruckt von dem Schauspiel der Natur, von dem nah beieinander sein und der wohligen Wärme der Sonne und des anderen rückten wir noch ein Stückchen dichter zusammen. Dann küssten wir uns. Da fragt man nicht, wer wen küsst, man wird geküsst und küsst zurück – und es ist wie beim ersten Mal ...

In den Ohren das Pulsieren des Wellenschlages der tosenden Gefühle. Die zugeschnürte Kehle nimmt dir die Sprache, und der feuchte Glanz in den Augen spiegelt, dass alles gut ist. Amor schießt und trifft, und die Welt ist eine andere."

„Sag ich doch."

„In zwei Wochen sehen wir uns wieder."

„Das klingt sehr gut. Ich nehme an, diesmal wirst du mich nicht fortschicken. Dir gefällt 's, wie es ist, oder?", freut sich die Liebe.

„Ja, schon."

„Was heißt: Ja, schon? Einschränkungen?"

„Ja, SIE. Es gibt sie immer noch. Sie fahren gemeinsam ein paar Tage nach Rom."

„Na und? Genieße den Augenblick. Ein Flirt, ein Kuss,

ein Kribbeln im Bauch. Mehr wolltest du doch nicht, oder habe ich dich falsch verstanden?"

„Nein, hast du nicht", antwortet Tilda trotzig. „Trotzdem! Wenn deine Hormone verrückt spielen, du dich gut fühlst, dir mehr vorstellen kannst und dann im Hinterkopf hast: Da gibt es noch eine Andere. Aber davon verstehst du natürlich nichts, du LIEBE. Du brichst ein in mein Leben, stiftest mich an zu etwas und dann sitze ich da und weiß nicht, wie es weitergehen soll!"

„Menschenskind, dann schau nach vorn! Sag ihm, was du dir vorstellen kannst. Entweder will er oder er will nicht. Aber wie mir scheint, will er schon. Schließlich habt ihr ein Date. Also wenn du mich fragst, ein klares Wort hat noch niemandem geschadet. Pack es an!"

„Arme Tilda", denkt die Liebe. „Sie ist schon viel weiter, als sie sich eingestehen will. Nur er weiß es noch nicht. Da muss wohl noch einiges passieren. Schauen wir mal."

Weitere zwei Wochen später:

„Was hast du angestellt?", fragt die Liebe, während sie die Kissen auf dem roten Sofa zurechtschüttelt und sich der Länge nach darauf ausstreckt.

„Ich habe ihm geschrieben und gefragt, was sie hat, was ich nicht habe. Der Kerl scheint mit mir zu spielen, langsam reicht's! Entweder ganz oder gar nicht! Ich bin zum Angriff übergegangen, habe alles auf eine Karte gesetzt. Jetzt kann er nicht mehr anders, er muss sich entscheiden!"

„Wie muss ich mir das vorstellen?"

„Ich habe ihm sehr detailliert beschrieben, wie ich mir vorstellen könnte, ihn zu verführen."

„Wie jetzt?"

„Na ja, wie man das so macht. Wo es beginnt und wo es endet und alles zwischendrin auch, ziemlich sinnlich, vier Seiten lang. Mir ist ganz schön warm geworden, als ich mir mein Geschreibsel am Ende noch einmal durchgelesen habe.

Ich bin mir sicher: Jetzt hängt er an meiner Angel. Er wird nicht anders können, wird sich für mich entscheiden. Das Alte, Gewohnheitsmäßige eintauschen und mit prickelnder Neugier sich mir zuwenden.

Möchtest du es lesen?"

„Nein! Ich fürchte, ich erröte. Böses Mädchen! Das nennt man Prostitution, so etwas gehört sich nicht."

„Das verstehe ich nun überhaupt nicht. „Schau nach vorn, sag's ihm!", das waren deine Worte. Ich setze sie um und du spielst dich als autoritärer Moralapostel auf und meinst, es gehöre sich nicht. Du bist genau das, was man dir nachsagt: kompliziert."

Kopfschüttelnd verlässt die Liebe den Raum.

Natürlich war Oscar von Tildas Brief fasziniert und der appetitlich verführerischen Versuchung erlegen. Er hatte angebissen und plötzlich an Tildas Angel gehangen.

Sie hatten geheiratet und ein unaufgeregtes Leben geführt.

Etwa zehn Jahre später folgt die Liebe einer Intuition und schaut bei Tilda vorbei.

„Komm, lass uns tanzen!", begrüßt Tilda die Liebe, noch bevor diese ihren Platz auf dem roten Sofa einnehmen kann.

„Was gibt's? Du hast dich verändert, ich habe dich lange nicht so strahlen sehen?"

„Hier, lies, aber setz dich lieber", sagt Tilda und reicht der Liebe feierlich ein aufgerolltes Stück Papier.

Sie beginnt zu lesen, hebt kurze Zeit später irritiert den Kopf und sieht Tilda fassungslos an.

„Seit heute bin ich wieder glücklich, als Single. Ein für allemal allerdings! Was für ein Tag!“, ruft Tilda. Übermütig packt sie die Liebe, die immer noch total verdattert dreinschaut, bei den Schultern und tanzt mit ihr durch den Raum.

„Du bist voller Überraschungen“, sagt sie kopfschüttelnd und lässt sich ergriffen auf dem Sofa nieder.

„Ich werde fortan nur noch mich selber lieben, da weiß ich, worauf ich mich einlasse“, fährt Tilda fort. „Damit trennen sich unsere Wege endgültig, was ich beinahe ein bisschen bedauere. Hast mein Leben gelegentlich ganz schön aufgemischt und durcheinander gebracht.“

„Das wird sich nicht ändern. Ich bin die Liebe und habe viele Gesichter. Ob hetero, homo, ob monogam, polygam oder narzisstisch, ich mische überall mit.

Hast du nicht gedacht, was?

So gesehen kann ich deinen Hauch von Bedauern, dass sich unsere Wege trennen könnten, aus dem Weg räumen. Ich bin mir sicher, wir sehen uns!“

Betrachtungen

## Betrachtungen

Eine Supervision,
ein Überblick über Widerfahrenes,
Gesehenes,
Wahrgenommenes.

Mit einem Lächeln zurückblicken.

Spuren aufnehmen, die Menschen hinterlassen.

Sich freuen an Erkenntnissen,
die sich nach dem einen oder anderen Psychodrama
als Ergebnis präsentieren?

*Der erste Text erzählt die Geschichte von Franziska. Nach vielen gemeinsamen Jahren erklärt ihr Mann Joe – völlig überraschend – ihre Beziehung für beendet. Joe hinterlässt eine am Boden zerstörte Frau. Die Zeit der Trauer dauert lang, doch gelingt es Franziska, ihre Lebensgeister zurückzugewinnen und neu zu beginnen.*

## Neue Wege gehen

*Ich muss dir etwas sagen*, meint Joe und, als sei es die nebensächlichste Sache der Welt, teilt er Franziska mit, dass für ihn neue Zeiten anbrechen und er zum nächsten Ersten aus der gemeinsamen Wohnung ausziehen wird. Das ist alles, was er sagt, dreht sich um und zieht die Haustür hinter sich zu.

Irritiert und überrumpelt und glauben wollend, sie habe sich verhört, schaut Franziska ihm nach. Unfähig, ein Wort hervorzubringen und stehen gelassen mit dieser schmerzenden Ohrfeige. Benommen sucht sie Halt am Geländer der Treppe – setzt sich auf die unterste Stufe. Sie weiß, wie es sich anfühlt, einen Menschen zu verlieren, der gestorben ist, aber, verdammt noch mal, Joe ist nicht tot!

Wie bringt er es nur fertig, ihr einen so schwer wiegenden Entschluss an den Kopf zu werfen, auf dem Absatz kehrt zu machen und das Haus zu verlassen? Sie schottet sich ab, kann und will das Unfassbare nicht an sich heran lassen.

Gefühlt verbringt sie Stunden wie versteinert auf der Treppenstufe. Klare Gedanken gibt der Kopf nicht her, allerdings gelingt es ihr, Joe in eine Schublade zu verfrachten, von der sie hofft, dass sie bodenlos ist.

*Niemals werde ich dich hierin wiederfinden geschweige denn nach dir suchen,* fliegen die Gedanken durch ihren Kopf.

Nur langsam weicht die Benommenheit. Der Schmerz nistet sich ein in ihre verwundete Seele. Sie würde ihn gern herausspeien, doch in grauenhafter Weise quält er sie, immer wieder.

Monate sind vergangen. In das Haus ist eine Leere eingezogen, die Franziskas Lebensgeister niederknüppelt und im Begriff ist, sie in die Depression zu treiben. Tage, Wochenenden, freie Tage, alle Zeit ist der Passivität gewidmet.

*Sie müssen etwas tun, so kann es nicht bleiben,* hatte ihre Ärztin sie ermahnt und eine Reha vorgeschlagen.

Eine Reha. Nein, das wollte Franziska nicht. Sie würde sich allein da herausholen, sagte ihr das Bauchgefühl.

Heute will sie damit beginnen. Als erstes wird sie einen Strandspaziergang machen, dabei ihre krausen Gedanken sortieren und später zu Papier bringen. Sie empfindet ein Gefühl der Freude, zum ersten Mal seit Wochen.

Das Wetter ist warm und die sich neigende Herbstsonne schickt ihre Strahlen über glitzernde Wellenspitzen. Am Wassersaum erblickt Franziska einen alten Mann. Seine Kleidung ist schäbig. Seine nackten Füße stecken in Sandalen, deren Sohlen sich ablösen und ihn am Gehen hindern. Ansonsten ist er mit dicker Jacke und Schal für die Jahreszeit zu warm angezogen. Er trägt einen Plastikbeutel bei sich und in der rechten Hand einen Stock. Insgesamt macht er einen heruntergekommenen Eindruck und hat einen von Niedergeschlagenheit und Trauer geprägten Gesichtsausdruck.

Plötzlich überquert der Alte die Promenade und steuert schnurstracks auf die Müllbehälter zu. Mit seinem Stock wühlt er darin herum. Er wird fündig und zwei Flaschen aus der Tonne verschwinden in seinem Plastiksack.

*So stelle ich mir Einsamkeit vor,* denkt Franziska bei sich. *Die stille traurige Einsamkeit in Menschen, für die die Gesellschaft keinen Platz hat und die irgendwo auf einer Parkbank einen Schlafplatz finden. Wie geht es mir gut!*

Der Mann hat hinter einer Hecke eine Zeitung ausgebreitet, setzt sich darauf und verspeist das Hühnerbein, das er zuvor aus dem Müll gefischt und zunächst in seiner Jackentasche deponiert hatte.

Franziska kann ihren Blick nicht von ihm abwenden, sie muss an den Song „Streets of London" denken. Dieser Mann verkörpert genau jene Szenen.

Zu Hause angekommen setzt sie sich an ihren Schreibtisch. Inspiriert von dem Geschehen am Strand beginnt sie zu schreiben.

*An Joe:*

*An Joe, den schönen Amerikaner, den Diplomaten, den Ich-hole-dir-die-Sterne-vom-Himmel-Versprecher, meinen Mann.*

*Ich lasse vieles noch einmal Revue passieren, Joe.*

*Die anfängliche Euphorie, den Sturm unserer Liebe oder das, was wir dafür hielten. Die vielen Exzesse, das große Kinderglück. Schließlich das zu Grabe Tragen der Vorstellung, was ein erfülltes Leben ausmacht.*

*Das nicht erreichte Ziel, miteinander alt zu werden, streiche ich mit einem Gefühl des Bedauerns von der Liste meiner Lebensphilosophie.*

*Angefressene, beschädigte Wertvorstellungen räume ich aus dem Weg und durchschaue schließlich unser verlogenes Heilewelt-Gegaukel mit eindrucksvoller Wirkung nach Außen. Es gelingt mir tatsächlich, es zu belächeln.*

*Was für eine groteske, filmreife Vorstellung haben wir unserem Umfeld geliefert? Warum haben wir nicht miteinander geredet? Geschwiegen, gehofft und doch verloren.*
*Ich habe begriffen was gut, was einzigartig war und ist.*

*Das sind unsere Kinder.*

*Durch gründliche perspektivische Betrachtung auch mei-*

*ner Person bin ich unserer gemeinsamen Zeit auf die Spur gekommen. Gründlich hinterfragt gebe ich ihr eine andere Wertigkeit. Bin nicht mehr das verletzte Tier, das auf einer Weide zurückgelassen wurde.*

*Ich fand Erklärungen und begriff, dass ich dir viele Fragen hätte stellen müssen, die wir beizeiten hätten diskutieren sollen. Nicht immer ist Schweigen Gold und Wünsche und Bedürfnisse werden Prinzessinnen nur in Märchen von den Augen abgelesen.*

*Ich bin aufgewacht, werde nicht zulassen, dass ich deine Krise zu meiner mache und die Depression mich verschlingt wie ein gieriges Ungeheuer. Es gibt einen Ausweg. Ich habe ihn gefunden und beginne ihn zu gehen.*

Ich bin Franziska, und der alte Mann am Strand hat ein Stück weit dazu beigetragen, zu begreifen, wie schön mein Leben ist.

Eigentlich sollte ich ihm danken.

*Wenn acht Freundinnen auf einem Kreuzfahrtschiff unterwegs sind, ist immer etwas los. Unsere Jüngste hatte Geburtstag. Wir feierten hinein und waren um Mitternacht sehr guter Dinge.*

## Weil sich's im Alter gut träumen lässt

Wenn ich so jung wär wie du, liebe Ina,
fänd' ich das toll, fänd' ich das prima?

Ich weiß nicht, wonach stünde mir so der Sinn?
Ich denk einfach mal so vor mich hin ...

Meine Haare wären blond mit schrillen Strähnen
und superlang, das möcht' ich erwähnen.

Smokey eyes machten mich charismatisch,
und ein Permanent-Küss-Mund wär mir sympathisch.

Gel-Nägel hätt ich im Koralle-Ton,
die sehen hip aus, eine gute Option
zum Lippenstift im selben Ton.
Ich erfind mich grad neu, du merkst es schon.

Ich würde drahtig sein und fit.
Ein Jeder würde sagen: Mann, die ist der Hit!

Ich möcht' Kleider tragen ...
mit Saum kurz überm Knie –
lange Röcke trüge ich nie!

Coco Mademoiselle wär der Duft meiner Wahl,
4711 – du kannst mich mal.
Coco würde fortan mich umschweben,
mich in Sinnlichkeit wiegen, mit mir Träume erleben.

In High-Heels tät ich meine Füße stecken,
sie könnten die Beine um einiges strecken.

Und würde mich all dieses anziehend machen,
möcht' mich möglicherweise ein Kerl anmachen.

Oh je, das hatte ich nicht bedacht!
Ein Mann, ein Kerl, der mich anmacht?
Das wollte ich nicht, das sollt's nicht mehr geben,
bin ich mir doch selbst in meinem Leben
genug und hab gar keine Zeit
für möglicherweise ein Leben zu zweit.

Allerdings – das sieh mir nach,
ein Traum vom Jungsein, ohne Schmach,
ist reizvoll, deshalb steht eines fest:
dass sich's im Alter gut träumen lässt.

Du könntest, wenn du wolltest,
du *musst* aber nicht,
genau das ist es, was besticht.
Zu tun und zu lassen, was du willst,
und dass DU nicht die Sehnsucht der anderen stillst.

*Das Rauchen zieht sich durch alle Schichten unserer Gesellschaft. Eine Persiflage zum Thema mag zum Schmunzeln anregen oder auch zum Nachdenken.*

## Ein Tummelplatz für Raucher
oder *Was sucht ihr denn?*

Zunächst die naive Betrachtung:

Sieht ausgesprochen elegant aus, die lange schlanke Fluppe mit Blümchenbordüre in der Hand von Frau, ebenfalls elegant und schlank. Rote Fingernägel mit asiatisch anmutenden Motiven auf denselben. Lässig angewinkelter Fuß lässt die Proportionen Taille, Hüfte, Knie vorteilhaft erscheinen. Und dann die Schuhe, High-Heels nennt man sie wohl. Ich würde sie eher als „unhealthy" bezeichnen. Aber chic, unbedingt. Die mit dem gewissen Etwas über die Schulter geworfenen blonden Locken, der sinnliche Blick ...

Dieses alles ohne Zigarette – nur halb so verrucht.

Nicht wegzudenken das Bild von ihm. Der – Gesichtsausdruck, mit Glimmstängel im Mundwinkel, entspannt, den Kopf mit der akkurat gegelten Frisur Gentlemanlike leicht geneigt – Frau zu überzeugen versucht, er würde sie für den Rest seines Lebens auf Händen tragen.

Irgendwie cool. Suggeriert Leichtigkeit und Lässigkeit, und der blaue Dunst vernebelt die Sinne.

Nun die drastischere Version:

Tummelplätze für die Verfechter des blauen Dunstes gibt es reichlich und ihre Anhängerschaft zieht sich durch alle Kreise der Gesellschaft. Gut angenommen von den Verehrern des Glimmstängels zum Beispiel der Raucherbereich am Klinikum. Direkt vor dem Haupteingang hat der ach so kranke Patient die Möglichkeit, seine Lungentorpedos zu inhalieren.

Dem nicht rauchenden, vorbei eilenden Betrachter wundert es schon, wenn Frau mit stelzenartig dünnen Beinen, bekleidet mit Bademantel und Hausschuhen, bei drei Grad Außentemperatur mit hörbar aufeinander klappernden Zähnen sich eben dieser Zeremonie nicht entziehen kann.

Ebenso der beinamputierte Mensch im Rollstuhl, oder die müde aussehende Gestalt in der zerschlissenen Kleidung.

Dann die katheterisierte junge Frau, deren Urinbeutel mit dunkelgelb gefüllter Flüssigkeit für alle sichtbar über ihren Hosenbund in Richtung Knie schlackert.

Auch die Hochschwangere, die kurz vor der Geburt dem Bedürfnis nach Nikotin nachgeben muss.

Der nervös auf- und ablaufende, möglicherweise Geschäftsmann mit dem Handy am Ohr und die Frau mit den schrill orange gefärbten, schütteren, vor Fett triefende Haaren.

Sie alle teilen das große Verlangen nach Nikotin.

Da muss es doch etwas geben, das der Nichtraucher nicht kennt, etwas, wo Kälte, Outfit und persönliche Situation keine Rolle spielen. Ist das etwa Sucht? Aber: Was suchen sie denn?

Möglicherweise ist es die Kommunikation, denn sie sind keine Einzelgänger, sind stets im Rudel vorhanden. Rauchen macht also nicht einsam! Unter Rauchern setzt sich ein Kommunikationsbeschleuniger in Gang. Plötzlich ist man mit den anderen im Gespräch. Man ist mehr als multikulti. Vor dem Klinikum ist man beinahe in einer multi-infektions-, -leidens-, -schwäche-, gebrechen- und störungsfreien Gesellschaft. Denn man trägt einen Teil seiner Infektion, seines Leidens, seiner Schwäche oder seines Gebrechens gemeinsam. Das ist doch cool!

Fazit: Rauchen unterstützt die Gesundheit, weil man stets im Austausch mit den anderen ist!

Des Menschen Sucht und der Gedanke, einen Deal mit dem Sargnagel einzugehen, ist ein Hilfeschrei. Niemals gelingt ein Deal. Ganz oder gar nicht heißt die Devise, und der Glaube an den Deal hält die Hoffnung am Leben.

Gott sei Dank hat sich ein Gut-Mensch-Gremium der Bedürfnisse der Nichtraucher angenommen und die Genussmenschen ein wenig ins Abseits gedrängt, aber wirklich nur ein wenig.

„Hart aber fair" wäre nicht der richtige Ausdruck für diese Maßnahme. „Hart, dennoch Einnahmen sichernd" vielleicht.

Denn: Eine Kuh, die man melkt, schlachtet man nicht.

Und deshalb funktionieren Raucherbereiche, wie hier am Beispiel des Klinikums erläutert, auf vortreffliche Weise, weil der Glimmstängel-Vertilger sich im Rudel am Nikotin ergötzt und der Geselligkeit frönt.

## Deine Gesundheit

Ich blicke aus dem Fenster. Das junge zarte Grün, das hier und da bereits einzelne Büsche ziert, verschwimmt vor meinen Augen. Die vorbei eilenden Jogger scheinen Fremdkörper, die sich mit nackten Beinen und kurzärmeligen T-Shirts durch den Grüngürtel der Stadt quälen. Die Märzsonne strahlt, eigentlich Gute-Laune-Wetter. Dennoch will es mit guter Stimmung nicht so recht klappen.

Zunächst hatte ich auf dem Balkon gesessen und an den Socken für die Enkel gestrickt, begann dann die Wohnung zu dekorieren, war schließlich mit einer Wolldecke auf dem Sofa gelandet. Auch die embryonale Haltung hatte nichts genutzt. Ruhe wollte nicht einkehren und die trüben Gedanken hatten sich nicht fortschlummern lassen.

Ich denke an die Kinder, an das junge Familienglück, die Unbeschwertheit der Enkelin, den kleinen Garten und das eigene Heim. Alles ist so unbelastet. Das helle Lachen der Kleinen, die hüpfenden blonden Locken, wenn sie über den Rasen springt oder sich mit Schwung auf der Schaukel in die Lüfte hebt. Es sind Tränen der Rührung, die meine Augen feucht werden lassen. Überwältigt von der Freude, wie gut die Kinder gelungen, dass sie gesund sind und so wunderbar groß werden, gepaart mit dem Gefühl von Wehmut über vergangene Tage mit eigenem Kinderglück, das ich damals auf andere Weise wahrgenommen habe.

Das Grün der Büsche vor dem Fenster nimmt wieder die Form von Blättern an. Auf einem Balkon vom Nachbarhaus werden Pflanzen eingetopft. Meine Gedanken kehren in die Realität zurück. Die Luft ist noch immer klar und sonnig. In diese Wahrnehmung mischt sich zum wiederholten Mal die innere Stimme. Seit Tagen hängt sie mir an den Hacken, ermahnt mich wieder und wieder.

„Ich halte dir seit Jahren die Treue. Habe dir in Zeiten der selbst auferlegten Überforderung immer wieder die Hand gereicht. Du hast sie weggeschlagen, wenn du sie denn überhaupt wahrgenommen hast. Deine Aufmerksamkeit schenktest du mir nur dann, wenn ich dir meine Unterstützung komplett verweigerte. Dann spürte ich etwas wie Wachsamkeit, allerdings nur für kurze Zeit. Wirklich geändert hast du nichts.

Ich behaupte mal, dass ich das Wichtigste in deinem Leben bin, das Kostbarste, das du besitzt. Über Jahrzehnte hast Du mich ausgebeutet. Immer wieder habe ich zunächst vorsichtig, dann drastisch, mal auch dramatisch auf mich aufmerksam gemacht. Du bist ein Ignorant ersten Ranges. Jetzt ist Schluss!

Vor drei Wochen habe ich dir einen Hexenschuss beschert, der dich völlig außer Gefecht gesetzt hat. Ich gewährte Dir einen kleinen Eindruck, wie es ist, auf andere Menschen angewiesen zu sein. Zwölf Stunden habe ich dich demütig das Bett hüten sehen. Aber eben nur diese zwölf Stunden. Dann warst du wieder obenauf.

Ich hielt es für notwendig, dir einen weiteren Denkzettel zu verpassen. Ich habe dir deine Stimme genommen. Zwei Tage lang brachtest du keinen Ton heraus. Ich spürte dein Entsetzen, las deine Gedanken. Es folgte ein Schmerzschub, der den ganzen Körper erfasste, dazu kam die Angst vor einer Lungenentzündung. Auch die Depression hatte sich zurück gemeldet. Das volle Programm also. Du suchtest den Arzt auf.

Es gab Jahre, in denen wir gut miteinander ausgekommen sind. Wir haben einander geschätzt und geachtet. Wir waren auf einem guten gemeinsamen Weg. Allerdings bin ich mittlerweile der Meinung, dass du mich ausbeutest.

Ich, der Stärkere von uns, frage dich: Wollen wir wieder Freunde sein? Mir würde es gefallen, allerdings unter einer Bedingung:

Gehe sorgsamer mit mir um!

Schau genau hin; unsere Freundschaft ist keine Einbahnstraße, und ich bin kein Roboter. Du weißt, wie es geht: Lass doch einfach einmal fünf Grade sein.

Deine Gesundheit“

# Literatur in allen Farben
## oder *Mit Scheiße Geld verdienen und für Menschenrechte kämpfen*

Angekündigt als „Legendäre One-Woman-Show – This is not a Striptease". Da geht man schon mal gerne hin, ich jedenfalls.

Dem Titel „This is not a Striptease" hinzuzufügen, passte nicht ganz. Nach meinem Geschmack war die Darstellerin am Ende der Vorstellung nackt ohne jegliches Blendwerk. Durchschaut. Aber gut, ein Striptease war es nicht. Schlechteres in diese Richtung sah ich nie.

Da steht sie nun, als ein Programmpunkt von vielen des dreitägigen Literaturfestes der Stadt, im Scheinwerferlicht des Kulturzentrums. Ich sitze in der ersten Reihe und frage mich, ob nun *sie* oder die das blaue Licht spendenden Spots das Highlight des Abends sind. Bereits beim ersten Anblick scheint mir Rotlicht angemessener zu sein.

Auf der Bühne eine obszön anmutende Person im Kleinen Schwarzen. Schmale Träger und tiefer Ausschnitt erlauben den Blick auf viel nackte Haut. Bizeps und Trizeps gut ausgebildet. Die Brüste eher klein. Der Kleidersaum endet auf anständige zwanzig Zentimeter über dem Knie. Der glänzende Stoff eines billigen Fummels und die glitzernden Pailletten heischen nach Aufmerksamkeit. Dieses Minikleidchen kann sie tragen, ohne Zweifel, wenn da nicht die Frage des Alters und des WIE wäre. Voll geschmacklos, aber das wäre etwas vorgegriffen, denn voll ist sie erst am Ende der Vorstellung.

Die lange, zum Teil verfilzte Mähne verdient es nicht, Frisur genannt zu werden. Der stets wiederholte Griff in dieselbe verfehlt die Absicht, hierin ein verführerisches Gebaren zu erkennen.

Sorry, möglicherweise soll er auch nur die eingeschränkte Sicht verbessern.

Die schwarze Strumpfhose umschließt das wohlgeformte, schlanke Bein. Die Füße stecken in schwarzen High-Heels. Der Absatz, geschätzte fünfzehn Zentimeter oder mehr, nicht Pfennig- sondern Block-Absatz. Schon ein Hingucker. Und die Art, wie sie sich damit bewegt, gibt keinen Anlass zum Meckern. Allerdings: Ein Pflegemittel haben diese Schuhe lange nicht gesehen.

Die Körperhaltung mit dem allzeit in der Hand befindlichen Weinglas – eine gekonnte Attitüde. Hand und Unterarm bilden einen stumpfen Winkel, kleiner Finger leicht abgespreizt. Nur das Wasser im Glas, so klar und rein, erweckt den Anschein eines Fremdkörpers in dieser Umgebung. Auf dem Höckerchen neben der Wasserflasche eine zweite, kleinere, vielleicht auch ehemals Wasserflasche, deren trüber Inhalt  die durstige Akteurin mit jedem Schluck ein bisschen mehr schillern lässt, wenn Sie wissen, was ich meine.

In den Fokus gerückt der einstige Handel mit Kokain, immerhin als Unrecht eingestanden. Das glamourös dargestellte Leben in bester Gesellschaft und wie man dazu kommt, und dass man nichts dafür kann und plötzlich mitten drin ist, und rauszukommen keine Chance.

Dicke Freundschaften konnte sie im Knast schließen, und wenn man sich mit den Arrestgenossinnen gerade mal nicht einig, war wurde in der Koje masturbiert.

Ein abschreckendes Beispiel? Noch bin ich mir nicht sicher.

Vielleicht habe ich etwas nicht begriffen? Wahrscheinlich bin ich zu intolerant, zu spießig, um gelassener zu reagieren. Aber wer soll hier Bewunderer, und wenn ja, für was Bewunderer sein?

Den Frauenknast überlebt. Aber wie? Nichts dazu gelernt? Vermutlich eine ganze Menge, aber das Falsche? Wer beurteilt das? Ich begreife immer noch nicht wirklich, aber um in einer Show mit diesem Hintergrund ein Beispiel gelungener Rehabilitierung zu sein, dafür hätte ich etwas Demut erwartet.

Zugegeben, wer fünf Jahre den härtesten Frauenknast überlebt, ist kein Weichei. Und jener, der es schafft, dem Stoff und seinen Abgründen den Rücken zu kehren, mag irgendwann der Demut begegnen.

Ausgestattet zu sein mit in der Drogenmafia erforderlichen Raffinessen, niveaulos und frech sich zu präsentieren und einen großen ordinären Wortschatz sein eigen zu nennen, ist das auch Kultur? Kultur in einer Farbe, die ich nicht kenne?

Was mir bleibt, ist: um Besonnenheit, Gelassenheit und Toleranz zu bitten, die ich benötige, um zu erkennen, ob ich an meiner Einschätzung etwas ändern kann. Dies würde mir sehr helfen.

# Die Laterne

Zuweilen fühlte ich mich wie eine Laterne,
eine runde, strahlende Sonne aus Papier mit roten Wangen.
Aufgehängt mit dünnem Draht an einem Stock
wurde ich umhergetragen.
Umhergewackelt und vorgeführt von jemandem,
der viel über mich zu wissen vorgab.
Mein Besitzer war stolz wie ein Pfau auf seine Laterne.

Gelegentlich kam es ihm in den Sinn,
sich über die Maßen mit mir in Szene zu setzen.
Dann zündete er die kleine Kerze in mir an.
Ich schaukelte unruhig im seichten Wind
an meinem Haken aus gebogenem Draht
hin und her.
Ich wollte nicht gestrahlt,
nicht vorgeführt werden!

Die Grenzüberschreitungen
in einer Sprache, die nicht meine war,
schienen meine papiernen Wangen
noch ein wenig röter werden zu lassen.

Der, der mich präsentierte,
der viel über mich zu wissen schien,
hatte nichts Eigenes.
Er missbrauchte mich, seine Sonne,
über die er sich selbst zum Strahlen brachte.

Eines Tages hat die züngelnde Flamme
meine äußere Hülle erfasst
und brannte sie nieder.
Seitdem bin ich frei
und
strahle ungehindert aus mir selbst.

*Eine heitere Betrachtung über das ‚Im Herbst des Lebens angekommen sein' und dessen Herausforderungen zu bewältigen und auszukosten.*

*Die Geschichte entstand im Jahr 2010.*

## Herbst

Horizonte **e**rleben, **r**otieren, **b**eben, **S**inne **t**anzen

Der Sommer wurde abgelöst. Wir befinden uns im Herbst, sagt der Kalender.

Eine schöne Jahreszeit, und viel verlässlicher als der Sommer. Seine Farben, Launen und Stimmungen, eine wunderbare Vielfalt von Naturschauspielen, in der es keine Ordnung zu beachten gilt. Das Laub der Bäume lässt der Verwandlungskünstler in den wunderbarsten Nuancen schillern, und des Menschen Seele labt sich an der atemberaubenden Pracht. Er ist schon ein liebenswerter Genosse, der Herbst. Manchmal kommt ihm zugute, dass der Sommer sich noch einmal besinnt und etwas wettmachen möchte. Dann liebe ich ihn besonders.

So eine Rückkehr des Sommers lässt mich aufleben. Vielleicht ist es auch nur das Gefühl, etwas Verpasstes, verloren Geglaubtes für kurze Zeit zurückzubekommen.

Unzählige Male habe ich das Wechselspiel der Jahreszeiten erlebt, bin längst im Herbst meines Lebens angekommen. Mir ist bewusst, dass ich – jahreszeitlich gesehen – nur einen Frühling, einen Sommer und einen Herbst habe. Ich möchte nicht vorgreifen, deshalb bleibt der Winter zunächst einmal unerwähnt.

Als der Herbst begann, sich in mein Leben zu schleichen, erlebte ich die volle Spannbreite zwischen moderatem Alltag und stürmischen Phasen. Nicht selten war ich irritiert, musste mich in meine neue Lebensphase erst einmal einfinden. Die Jugend war fort. Nicht ganz, aber sie stand nicht mehr im Vordergrund. War vielleicht auf den zweiten oder dritten Blick noch einmal sichtbar. Mein Strahlen war ein anderes.

Wie sehr freute es mich, wenn mein Gegenüber – männlich – mir sagte: „Was, Sie sind schon so und so alt? Das sieht man Ihnen aber gar nicht an." Ich spürte, wie meine Augen zu strahlen begannen, vielleicht auch ein wenig Röte über meine Wangen huschte und wie mein Herz einen kleinen Hüpfer machte.

Da war es, dieses kleine bisschen Sommer, das jenes Kompliment hervorgekitzelt hatte. Und der Hüpfer, den das Herz machte, unterschied sich deutlich von den gelegentlich auftretenden Rhythmusstörungen. Der Rücken richtete sich auf und der Gang wurde leichter. Ein Stückchen Sommer. Genau so.

Dann und wann meldete sich aber auch die Wehmut zu Wort. Den Tatsachen ins Auge sehend ließ es sich nicht leugnen – die Brust war schlaffer, die Haut weniger elastisch und die Knie runzeliger. Ein bisschen darf man das schon beweinen.

Andererseits – und das macht diese Lebensphase so genussvoll – lebt es sich wesentlich entspannter. Du musst dich an dem Wettbewerb, überall nicht nur ein ziemlich gutes, sondern das beste Bild abzugeben, nicht mehr beteiligen. Das Konkurrenzdenken gehört der Vergangenheit an. Der Alltag läuft moderater und die Temperaturen sind gemäßigt. Meistens jedenfalls ...

Apropos Temperaturen: Der Herbst des Lebens kann einen zeitweise ganz schön in Wallung bringen. Aufsteigende Hitze. Langsam im Oberbauch oder in der Magengegend beginnend kriecht sie in dir hoch, schiebt sich den Hals hinauf, um dann den Kopf in einem purpurnen, herbstlichen Rot erscheinen zu lassen. Oft gesellt sich zu der Hitze und Röte auch die eine oder andere Schweißperle. Das nennt man Klimakterium. Ich frage mich:

Hört das denn niemals auf? In Zeiten der Hochkonjunktur der Wechseljahre läuft dir das Wasser in Rinnsalen an den Schläfen herunter und im schlimmsten Fall ... Na ja. Toll ist das jedenfalls nicht.

Meist ereilt dich diese Laune der Natur in den unpassendsten Momenten. Vielleicht gerade dann, wenn dir dein Gegenüber das besagte Kompliment macht.

Du sitzt ihm am Schreibtisch gegenüber. Gleich wirst du einen Vertrag unterschreiben, einen furchtbar wichtigen. Gleich.

Schweißperlen treten auf deine Stirn. Du angelst in dem Chaos deines Rucksackes nach dem Fächer. Warum habe ich nicht Taschen in der Tasche, die das Finden erleichtern? Scheiße, Fächer liegt zu Hause auf dem Schreibtisch.

Emphatisch lächelnd und verständnisvoll nickend hält dir dein Gegenüber sein Stofftaschentuch entgegen. Er scheint sich mit so was auszukennen. Du bist im Begriff, zuzugreifen, erkennst aber just noch: Es ist *benutzt* – und zuckst zusammen. O mein Gott! Aus den Schweißperlen werden Tropfen, die sich auf den Weg machen. Wartet!!!

Kurz auf Knapp ziehst du blitzschnell deine Hand – die fast schon sein benutztes Stofftaschentuch berührt – zurück, ziehst den alten schmuddeligen Baumwolllappen aus deinem Rucksack hervor, den du rasch – ohne den Blickkontakt, immerhin noch lächelnd, zu ihm zu verlieren und ein Dankeschön hauchend – an deine Stirn bringst. Ein Spagat vom Feinsten.

*Unverhofft kommt oft.*

## Der flüchtige Charme eines Sonntagmorgen

Kühl und feucht
unendlich stille
Sonntagmorgens-
Traum-Idylle
nährst den Charme der Illusion
von *Edel sei der Mensch*
und der Option
*Alles wird gut.*

Ein Martinshorn
zerreisst die Stille.
Im Nu zerstört:
Traum und Idylle.

Weihnachten

## Weihnachten

Das Fest der Liebe
und der ganz großen Gefühle.
Der Mensch bestimmt, ob es romantisch, brisant,
besinnlich oder hektisch zugeht.
Das große Glück, das Leuchten in Kinderaugen,
die Trauer über den Tod eines geliebten Menschen.
Alles das findet besonders auch an einem
Fest wie Weihnachten statt.
Ein Spagat, der uns viel abverlangt.

*Manchmal ereignen sich Dinge, die zwar zum Leben gehören, aber gerade an Tagen wie Weihnachten Schmerz in den Herzen der Menschen hervorrufen. Das ist in der nächsten Geschichte der Fall. Am Ende aber wendet sich alles ganz wunderbar weihnachtlich zum Guten.*

## Weihnachten beginnt im Lämmerfennenweg

Am letzten Schultag hatte die Lehrerin den Jungen und Mädchen der 4. Klasse schöne Ferien und ein frohes Weihnachtsfest gewünscht.

Hannes denkt darüber nach, wie es wohl sein wird, in diesem Jahr an Weihnachten. Im Sommer ist die Mutter gestorben und das Fest kann er sich ohne sie nicht vorstellen. Überhaupt fehlt sie ihm vom Morgen bis zum Abend.

Manchmal begegnet sie ihm im Traum. Ihre sanfte Stimme ermuntert ihn: „Sei tapfer, mein Großer, mir geht es gut. Ich bin bei dir, und sehr stolz auf dich."

Hannes bemüht sich, seine Mutter, die ihm und dem Vater vom Himmel aus sicherlich zuschaut, nicht zu enttäuschen. Aber ein Weihnachten ohne sie ist für ihn undenkbar.

Der Vater hat einen Weihnachtsbaum nach Hause gebracht. Sie haben ihn kopfüber an einem Holzbalken in der Garage aufgehängt. Der Karton mit dem Baumschmuck befindet sich auf dem Dachboden. Hannes erinnert sich genau, wie wunderschön der Baum im letzten Jahr ausgesehen hatte.

Gemeinsam hatten Mutter und er Pilze, kleine Stiefel, Monde und Sterne aus Ton gefertigt, diese farbig lackiert und gebrannt. An einem roten Bändchen wurden sie in die Zweige gehängt. Lametta und Kerzenhalter mit roten Lichtern, Strohsterne und kleine Lebkuchenfiguren, bunte Kugeln und selbstgebastelte Sterne aus Glanzfolie ließen den Baum in einem festlichen Gewand erscheinen. In Hannes' Erinnerung schleicht sich plötzlich die Wahrnehmung des Duftes, den ihr Weihnachtsbaum verströmte. Das alles wird es in diesem Jahr nicht geben. Die Mutter ist gegangen und mit ihr die Freude auf das Weihnachtsfest.

24. Dezember

Der Vater muss heute nicht zur Arbeit.

„Hannes, hilfst du beim Baum schmücken, so wie im letzten Jahr, als du ihn mit Mutter herausgeputzt hast?", fragt der Vater.

„Er wird niemals so ausschauen wie am letzten Weihnachtsabend", entgegnet der Junge. „Wir können hineinhängen, was wir wollen. Eine Leere wird uns angaffen und kein warmes Kerzenlicht unsere Herzen erfreuen. Ich will keinen Weihnachtsbaum, ich will kein Weihnachten ohne meine Mutter! Das geht einfach nicht!", schreit der Junge und rennt zur Haustür hinaus auf die menschenleere Süderstraße.

Es ist dunkel. Von Ferne hört er die Glocken der Marienkirche zum Gottesdienst läuten. Aus dem geöffneten Fenster eines Hauses erklingt „Stille Nacht, heilige Nacht". Tränen schießen dem Jungen in die Augen und laufen in Rinnsalen die Wangen herunter. In seinem Hals spürt er einen dicken Kloß. Weihnachten ohne Mutter, keine *Stille* und *Heilige Nacht*, eine schmerzende und einsame Nacht, dröhnt es in seinem Kopf.

Hannes rennt die Straße entlang Richtung Osten und biegt schließlich ein in den Lämmerfennenweg. Keine Laterne erhellt den dunklen, holprigen Weg. Es ist stockfinster. Der Junge verlangsamt seinen Schritt. Ihm ist unheimlich zumute. Sein Herz klopft bis zum Hals. Wie Paukenschläge in der Brust fühlt es sich an. Der Junge bleibt stehen. Seine Augen, die sich inzwischen an die Dunkelheit gewöhnt haben, erblicken vor einem Gartenzaun auf einer Bank eine zusammengekauerte Gestalt. Ein leises Schluchzen dringt an sein Ohr. Wie hypnotisiert setzt sich der Junge neben die trübselige Frau.

„Wieso bist du so traurig, heute an Weihnachten?"

Fast vergessen hat er den eigenen Kummer. Die Frau auf der Bank wendet ihren Kopf in Richtung des Jungen.

„Was machst du hier am Weihnachtsabend? Warum bist du nicht zu Hause bei deinen Eltern?", fragt sie verwundert.

„Meine Mutter ist im Sommer gestorben. Und ohne sie ist für mich kein Weihnachten. Warum bist du nicht bei deiner Familie?", fragt der Junge zurück.

„Meinen Mann und meinen Sohn habe ich durch einen Autounfall verloren", antwortet die Frau leise.

Beide schweigen. Nach einer Weile greift Hannes nach der Hand der Frau. Fahles Mondlicht fällt auf ihr Gesicht. Hannes sieht ihr in die Augen.

„Bitte, bitte, komm mit zu uns nach Hause und hilf mir und Vater, unseren Weihnachtsbaum zu schmücken", sagt er mit fester Stimme.

Die Frau legt den Arm um den Jungen.

„Na dann komm", sagt sie nach einer Weile und erhebt sich von ihrem Platz.

Durch eine Wolkenlücke hat der Mond dem Geschehen zugeschaut und der Unterhaltung gelauscht. Als er die Frau und den Jungen Hand in Hand aus dem Lämmerfennenweg über den Plan Richtung Süderstraße gehen sieht, wird ihm so recht weihnachtlich ums Herz.

„Gewiss werden sie bald in ihrer Stube die Weihnachtskerzen anzünden", denkt er schmunzelnd und steckt sein Pfeifchen an, woraufhin sich die Wolkendecke wieder schließt.

*Plattdeutsch ist meine Muttersprache. Da ist es unverzichtbar, eine Weihnachtserinnerung aus Kindertagen in dieser Sprache weiterzugeben. Die Aufgeregtheit, das eingebettet sein als Kind, die Erfahrung von Liebe, gelebte Tradition. All das ist Weihnachten in meiner Kinderzeit – unvergessen.*

## Wenn doch blots eerst Wiehnachtenovend weer

Bannig kold weer dat, un de Stroten un Gorns mit een dicken Sneeteppich todeckt.

Ick sitt op'n Stohl an't Kökenfinster un kiek in unsen Hoff. Fru Holle harr sick bannich Mööch mookt un so lang Betten schüddelt, bit allns mit een dicke witte Schicht Snee todeckt weer. So veel Snee heff ick noch nie in mien Leven seh'n. As Diamanten glitzert un funkelt dat in de Sünn. Ick mutt mit de Oogen pliern, so grell is dat.

As dat to schummern anfangt, gohn mien Gedanken op een Reis:

Ick drööm vun Wiehnachten. Nu kann dat mit den Wiehnachtsmann jo nich mehr lang duern. Tweemol noch slopen, harr Mudder seggt.

Mit eenmol bün ick verbiestert. Wat is dat? Drööm ick, oder drööm ick nich? Ick seh een Mann mit'n langen rooden Mannel in unsen Hoff. Wohrhaftig, ick seh em op den Sneeteppich stohn.

„De Wiehnachtsmann“, brubbel ick liesen vör mi henn un rutsch opgeregt op mien Achtersteven hen und her. De witte Boort reckt bit no den Gördel, un dorin stickt de Rute. „Oha“, denk ick, „dormit much ick keen Bekanntschop moken.“

Vun dat Gesicht is nich veel to sehn, wiel he de Mütz bit över de Oogenbruen trucken hett. Over dat scheelt nix. He kiekt mi an un denn kümmt op mi to. In'n ersten Momang duuk ick mi een lütt beeten wech, over as ick em seggen hör: „Na mien Deern, freust di op Wiehnachten?“, warr ick recht wat hibbelig. Bang bün ick over nich. Ick nick mit den Kopp un denk an den langen Wunschzettel, de ick opmolt heff. Schrieven kann ick jo noch nich.

„Ob dor nich een beten veel Wünsche opmolt sünd?“, schütt mi dat dörch den Kopp. Doch de Wiehnachtsmann grient un nickt. In düssen Oogenblick dücht mi, dat he so een lütt beeten utsüht as mien Opa. Dat liggt seker doran, dat de meesten olen Männer gliek utseht.

As ick doröver nospekuleer, froogt Mudder: „Na, drööms' vun den Wiehnachtsmann?“

Ick fohr tosomen, wiel ick so in Gedanken weer, kiek Mudder an un nick. As ick wedder in den Hoff kiek, is de Wiehnachtsmann verswunnen. Keen Footsporn, keen Mann in'n roden Mannel. Nix vun all dat to sehn! Ick kladder vun den Stohl un griep no Mudders Hand.

„Tweemol noch slopen“, seggt se, „denn is dat so wiet. Hest dien Stuuv all oprühmt? Du weest doch, dat de Wiehnachtsmann froogt, ob du jümmers ordig wesen büst? Un dorto hört ok dat Stuuv-oprühmen. Richtig oprühmen un nich blots den Krom unner't Bett schuven!“

„Mudder, mien Stuuv is blitzblank, so wie se noch nie nich ween is. Ach, wenn doch blots eerst Wiehnachtenovend weer.“

Mudder striekt mi över'n Kopp un ick weet, dat se mi ganz dull leev hett. „De Vörfreud is de schönste Freud, mien Deern. So richtig neeschierig ween op den Wiehnachtsmann, dat Kribbeln in'n Buuk, de Geschenke, dat feine Eeten, de Wiehnachtsgeschicht in de Kark. All dat hört to Wiehnachten, dat warst du dien Leevdag nich vergeten.“

Dormit harr Mudder recht, dat Kribbeln in'n Buuk is so schön. De Geruch no Plätzchen, no Goos un Rotkohl, dat Klockengebimmel vun de Marienkark un een Geföhl vun Freeden, un dat de Welt stillsteiht un de Minschen glücklich sünd in düsse Tied.

All dat heff ick mien Leevdag nich vergeten.

*Eine Liebeserklärung an mein Heimatdorf Schobüll. Mit Blick auf einige Bauernhöfe und auf die Nordsee stehe ich im Garten eines Hauses. Den Wald im Rücken, das Kirchlein am Meer rechterhand, ein bisschen Schnee, und es riecht nach Weihnachten.*

## Weihnacht im Norden

In der Nacht gefallen,
glitzert er jungfräulich
durch das durch blattlose Äste
fallende Sonnenlicht.

Keine Spuren auf dem weißen Teppich,
nur die meinen hinter mir.

Unten am Weiher paaren sich Hasen.
Ein aufgescheuchtes Reh springt
mit dumpf klackerndem Hufschlag
über die Kiesel Richtung Wald.

Kleine, von der letzten Flut
im Watt zurückgelassene Pfützen
glitzern in der Sonne.

Vom benachbarten Bauernhof
blöken Schafe herüber,
und durch das Muhen der Kühe
lässt meine Nase sich
den warmen Stallgeruch vorgaukeln.

Glockengeläut ruft zum Gottesdienst.

Heute ist Weihnachten
und unter meinen Stiefeln knirscht Schnee.

*Vor der Tür der Himmelsbackstube drängeln sich die kleinen Engel, um endlich in die Backstube gelassen zu werden und mit der Weihnachtsbäckerei beginnen zu können. Leider fehlt noch eine Backzutat, ohne die es nicht losgehen kann.*

*Ein Märchen über die Weihnachtsbäckerei im Himmel.*

## Weihnachtsbäckerei

Auf dem langen Gang vor der Himmelsbackstube herrscht große Aufregung. Heute, eine Woche vor dem 1. Advent, soll mit der Weihnachtsbäckerei begonnen werden. Endlich ...

Ganze Heerscharen von kleinen Engeln wuseln aufgeregt zwischen Paradiesgarten und Spielwiese hin und her und warten sehnlichst auf den Einlass. Der Aufgeregteste unter ihnen scheint der kleine Yogi. Seine Wangen, sonst eher blässlich, sind rot wie kleine Äpfelchen, und die großen braunen Augen spiegeln die Erwartung wider, mit der er auf das große Ereignis wartet.

„Wann können wir endlich in die Backstube?", fragt er zum wiederholten Mal den Backstubentürvorsteher Bartholome.

„Gedulde dich noch ein Weilchen, es wird sicher nicht mehr lange dauern", ist jedes Mal die Antwort des großen Engels mit dem gütigen Gesicht und dem ausladenden Gewand aus glänzender Seide.

„Es sind noch nicht alle Backzutaten gefunden worden", fügt Bartholome diesmal hinzu, „die Korinthen sind nicht aufzufinden."

„Was sind Korinthen, und wozu braucht man sie, wie sehen sie aus?", will Yogi wissen.

„Korinthen sind dunkelbraune, getrocknete Weinbeeren, sie schmecken süß und sehen ähnlich aus wie Rosinen, nur dunkler und kleiner. Sie geben dem Gebäck ein köstliches Aroma", entgegnet mit unermüdlicher Geduld der große, freundliche Engel.

„Wir können doch ohne Korinthen Plätzchen backen. Bestimmt sind die auch ganz doll lecker“, schlägt der kleine Basti vor.

„Wir werden gemeinsam das Lied von der *Weihnachtsbäckerei* singen, dann vergeht die Zeit viel schneller“, schlägt der Backstubentürvorsteher vor.

„Oh ja“, jubeln die Engel begeistert und stellen sich flugs in Reih und Glied zum Chor auf. Singen mögen sie alle gern. Der Backstubentürvorsteher stimmt mit sanfter, honoriger Stimme das Lied an.

Niemandem ist aufgefallen, dass sich Yogi nicht in den Chor eingereiht hat. Leise ist er davon geschwebt. Auf Zehenspitzen und ohne Flügelrauschen ist es ihm gelungen, durch das Himmelstor Richtung Erde zu gleiten. Er will zu den Menschen. Es ist noch gar nicht so lange her, dass er als kleiner Mensch hier gelebt hat. Auf der Erde will er Korinthen besorgen, damit im Himmel endlich mit der Weihnachtsbäckerei begonnen werden kann. Nur: Wie soll er Korinthen finden und wo?

Er wird zu Leni fliegen, sie war seine beste Freundin im Kindergarten. Er vergewissert sich, dass Leni schläft, dann steigt er in ihren Traum ein und fragt, wo man die beliebte Backzutat finden kann. Leni kennt Korinthen nicht. Als Yogi ihr jedoch das Aussehen beschreibt, erinnert sie sich, jene runzeligen Kügelchen schon einmal gesehen zu haben.

„Du bist ein Schatz, Leni, danke“, sagt der kleine Engel, und schon ist er aus ihrem Traum verschwunden.

Am Waldrand auf der großen Lichtung kann er seinen großen Tüllsack füllen. Hier liegen Korinthen in Hülle und Fülle. Da wird man sich im Himmel aber freuen und niemand muss mehr warten, endlich in die Backstube eingelassen zu werden.

In rasender Geschwindigkeit tritt Yogi den Rückweg

an. Der Himmel leuchtet rot, ein Zeichen dafür, dass der Backofen bereits mächtig angeheizt ist. Sein Herz macht einen kleinen Hüpfer, als er durch die Himmelspforte huscht und ihm dabei beinahe sein Korinthensack aus den Ärmchen gerutscht wäre.

Der Chor hat just die vierte und letzte Strophe des Liedes beendet, als Yogi sich aufgeregt und außer Atem vor Bartholome, den Backstubentürvorsteher, stellt und stolz seine Korinthen präsentiert.

„Das sind ja prächtige Korinthen, Yogi. Na, dann wollen wir mal beginnen."

Die Schar jubelt, drängelt und stürmt in Richtung Himmelsbackstube. Mit aufgekrempelten Ärmeln beginnen die eifrigen Händchen die Backzutaten aus den bereit stehenden Säckchen zusammenzuschütten, zu rühren und zu kneten.

Yogi und Basti kneten eifrig die Korinthen in ihren Plätzchenteig. Das ist ganz schön anstrengend. Als alles fertig ist, schieben sie die Bleche in den riesigen Himmelsbackofen, in dem schon etliche Plätzchen vor sich hin backen und einen herrlichen Duft verbreiten, der zweifellos bis auf die Erde zu riechen sein muss. Vor Aufregung sind Yogis Wangen noch roter geworden. Seine Korinthenplätzchen! Fabelhaft.

Am Abend des ersten Backtages dürfen die kleinen fleißigen Gesellen ihre Plätzchen, Brote und sonstigen Köstlichkeiten probieren. Ganz aus dem Häuschen vor Spannung schiebt sich Yogi einen der kleinen Korinthentaler in den Mund. Ebenso schnell, wie er dort hinein gekommen ist, spukt er ihn wieder aus.

*Das ist ja scheußlich, fürchterlich, ja, geradezu ekelhaft schmeckt das Gebäck! Wie kann das sein? Korinthen sollten doch süß schmecken!*

Tränen kullern aus seinen großen braunen Augen und

er rennt zu Manni, seinem Freund, der immer Rat weiß oder Trost spendet.

Manni erzählt er seine Geschichte vom Plätzchenbacken, von den nicht auffindbaren Korinthen und seiner Reise zu Leni, die ihm verraten hatte, wo es diese zu finden gab.

Manni will sich ausschütten vor Lachen und reibt sich seinen dicken Kugelbauch. Dann streicht er Yogi tröstend über das Haar.

„Das ist ja eine schöne Geschichte, aber leider hast du keine Korinthen herbeigeschafft, es sind Hasenköttel. Du hast Hasenköttel gesammelt, Yogi! Die sehen ein bisschen aus wie Korinthen, aber sie sind ungenießbar. Vielleicht mag Knecht Ruprecht deine Korinthen-Plätzchen für die Tiere mitnehmen, wenn er sich auf den Weg zur Erde macht. So als Leckerli für das Ren sind sie ganz gewiss zu verwerten.

Sei nicht traurig, du hast eine wirklich gute Idee gehabt und warst sehr, sehr mutig. Ich werde dafür sorgen, dass dieses großartige Ereignis in der Himmelschronik verewigt wird. Dann bist du für alle Zeit berühmt als der kleine Engel, der sich ganz allein auf den Weg machte, um Korinthen für die Weihnachtsbäckerei zu beschaffen. Und nun mal hurtig zurück zu den anderen, eine Stärkung hast du dir nach diesem aufregenden Tag mehr als verdient.“

# Für meine Schwester Elisabeth

Für Dich – Elisabeth –
in
liebevoller Erinnerung

Der letzte Text soll
meiner kleinen Schwester Elisabeth
– verstorben im Mai 1959 –
gewidmet sein.
Wir waren Kinder, Geschwister,
nur für kurze Zeit.
Ich habe den Text ausgewählt,
weil er mir sehr über den schweren
Verlust hinweggeholfen
und
der Trauer einen angemessenen Raum
gegeben hat.

# Meine kleine Schwester Elisabeth

Ich habe schöne, doch auch traurige Erinnerungen an meine kleine Schwester Elisabeth. Als sie mit vier Jahren und zehn Monaten starb, war ich neun Jahre alt. Sie starb am 11. Mai, an Tante Paulas Geburtstag.

Elisabeth war krank. Meine Eltern verbrachten viel Zeit mit ihr in der Universitätsklinik in Kiel, und sie trugen viel Geld zu Herrn Franke, der ein Reformhaus hatte. Herr Franke blickte seinen Patienten in lange und tief in die Augen und sah, welcher Tee oder Saft ihre Leiden lindern würde.

Meine Eltern hatten alle Hoffnungen, die Elisabeths Gesundheit betrafen, in Herrn Frankes Hände gelegt. Sie glaubten fest an seine Fähigkeit, zu sehen und zu heilen.

Elisabeth litt an einer nicht alltäglichen Krankheit. Sie hatte eine abnormal große Leber. Ihr kleiner Leib sah aus wie der einer Schwangeren. Sie war sehr klein für ihr Alter. Ich erinnere mich, dass, wenn sie hinfiel, sie sich meist auch etwas gebrochen hatte. Was ihre Gesundheit anging, war sie nicht gerade ein Glückskind. Ansonsten aber der Sonnenschein unserer Familie. Sie war ein kluger kleiner Kopf, konnte Vorgelesenes schnell auswendig nachplappern und Gedichte, die ich in der Schule lernen musste, schneller behalten als ich.

Eines Abends lag Elisabeth mit einer schweren Bronchitis in ihrem Kinderbettchen, das im Schlafzimmer meiner Eltern stand. Sie röchelte. Mutti gab ihr von der Medizin von Herrn Franke. Ich durfte in Vatis Bett zuhören, wie Mutti Geschichten vorlas. Ich wünschte mir so sehr, dass der Kräutersaft von Herrn Franke endlich wirken würde. Es gab aber nur wenige kurze Atemzüge, die ohne dieses Röcheln waren. Es hörte sich so furchtbar und bedrohlich an, dass ich mir um meine kleine Schwester große Sorgen machte.

Irgendwann muss ich wohl darüber eingeschlafen sein. Ich war hellwach, als Mutti mich weckte und sagte, dass sie und Vati mit Elisabeth ins Krankenhaus fahren würden. Ich weinte bitterlich. Sie sollte nicht weg, nicht schon wieder ins Krankenhaus. Ich wollte, dass sie bei uns blieb. Elisabeth legte mir ihre kleinen dicken Ärmchen um den Hals, drückte mich und sagte: „Musst nicht weinen, ich komm doch wieder." Dann gingen sie mit ihr fort und ich weinte mich in den Schlaf.

Ich wachte auf, als Mutti sich zu mir ins Bett legte. Sie war kalt und ihr Gesicht war ganz nass. Vati saß auf der Bettkante und putzte sich immer wieder die Nase. Ich glaube, er weinte. Mutti zog mich ganz dicht zu sich heran und flüsterte: „Elisabeth ist jetzt im Himmel beim lieben Gott, dort spielt sie mit den kleinen Engeln." Dann legte sich auch Vati hin und wir weinten noch lange um unseren kleinen Sonnenschein.

Am übernächsten Tag durfte ich mit Mutti und Tante Schumacher, unserer Nachbarin, in die Kapelle und Elisabeth noch einmal sehen.

Die Kapelle war hinter der Kirche, wo in verschiedenen Räumen die Toten in Särgen lagen, bis sie beerdigt wurden. Wir gingen um die Kirche herum und betraten einen dunklen Flur, in dem es sehr merkwürdig roch. Ein Mann trat aus der Dunkelheit auf uns zu und gab meiner Mutter, Tante Schumacher und mir schweigend die Hand. Ich war sehr aufgeregt und hatte Bauchweh. Der Mann öffnete die Tür zu einem Raum. Der war hell, und Sonnenstrahlen fielen durch das farbige Fensterglas auf den kleinen Kindersarg. Mir stockte der Atem. Hier war es so feierlich und so still. Überall standen Blumen. Der Mann stellte einen kleinen Hocker für mich hin, damit ich in den Sarg hineinsehen konnte. Nun sah ich Elisabeth. Sie sah aus, als wenn sie schlief. Sie hatte ein weißes Kleidchen an, das ich vorher noch nie gesehen hatte. Ob wohl alle so ein schönes Kleid bekommen, wenn sie tot sind?

Elisabeths Kopf lag auf einem kleinen weißen Kissen, das mit einer Spitze eingefasst war, und im Haar hatte sie einen Blumenkranz aus Gänseblümchen. Genau so, wie wir ihn selber oft geflochten hatten. Die Bettdecke war auch schneeweiß und hatte ebenfalls eine weiße Spitze. Darauf lagen ihre kleinen, gefalteten Hände. Alles sah sehr feierlich aus und sehr hübsch. Ich berührte kurz die Bettdecke. Sie war ganz leicht und weich, dann streichelte ich Elisabeths Wange. Ich erschrak, denn sie fühlte sich eiskalt und fremd an. Schnell zog ich meine Hand zurück. Bedeutete *das* tot sein, wenn man sich so anfühlte? Das wollte ich nicht noch einmal fühlen.

Draußen vor dem Fenster sang ein kleiner Vogel. Mutti und Tante Schumacher weinten. Ich ergriff Muttis Hand und drückte sie. Mutti war bestimmt auch ein bisschen froh, dass sie mich noch hatte.

Auf dem Nachhauseweg dachte ich darüber nach, ob Elisabeth wohl wie ein Engel fliegen konnte. Mutti hatte doch gesagt, dass sie nun mit den Engeln im Himmel spielte. Flog sie nun immer hin und her und wusste, wann jemand zu Besuch kam, um dann in ihrem schönen kleinen Sargbettchen zu liegen? Ich traute mich aber nicht, danach zu fragen.

Am Nachmittag bekamen wir Besuch. Meine Onkel und Tanten aus Braunschweig kamen wegen Elisabeths Beerdigung. Braunschweig war weit weg und deshalb würden sie eine Nacht bei uns schlafen. Sie hatten mir Malbücher und Stifte mitgebracht, aber darüber konnte ich mich gar nicht freuen. Ich musste ja nun immer alleine spielen und malen. Das machte mich traurig.

Am Abend durfte ich länger aufbleiben als sonst, weil ich am nächsten Tag nicht in die Schule zu gehen brauchte. Die Erwachsenen redeten den ganzen Abend über meine kleine Schwester. Vati erzählte, dass die Ärzte ihm schon vor einigen Jahren gesagt hätten, dass sein Kind keine große Lebenserwartung habe. Demnach muss Vati wohl gewusst haben, dass sein kleines Mädchen nicht lange leben würde, und jedes Mal, wenn sie krank war, hatte er bestimmt immer gedacht, dass sie bald sterben würde. Armer Vati, das war bestimmt eine große Belastung. Als ich das gehört habe, musste ich wieder ganz doll weinen. Diesmal, glaube ich, habe ich wegen Vati geweint und nicht wegen Elisabeth. Dann musste ich ins Bett.

Ich konnte nicht einschlafen, stand wieder auf und setzte mich auf die oberste Treppenstufe. Von hier aus konnte ich hören, was die Erwachsenen im Wohnzimmer sich erzählten. Vati sagte, dass die Leute im Krankenhaus gesagt hätten, dass er und Mutti mit Elisabeth in die Nachbarstadt fahren müssten, weil in Husum kein Bett frei sei. Vati hat dann gesagt, dass es doch nur ein Plätzchen für eine kurze Zeit sein müsse, denn jeder würde doch sehen, dass sein Kind im Sterben lag. Sie haben ihn hartherzig weggeschickt. Elisabeth ist dann im Krankenwagen auf dem Weg zu dem anderen Krankenhaus in seinen Armen gestorben.

Am nächsten Tag machten sich alle für die Beerdigung fertig. Die Stimmung war düster und traurig, das Haus so voll. Ich hatte das Gefühl, nicht richtig atmen zu können. Alle hatten schwarze Kleidung angezogen, die Männer weiße Hemden und schwarze Krawatten. Das würde Elisabeth bestimmt nicht freuen. Ich durfte meine weißen Kniestrümpfe und mein Sonntagskleid anziehen, nur meine Lackschuhe waren schwarz. Eigentlich war es unser Sonntagskleid, denn Mutti hatte für Elisabeth und mich das gleiche Kleid selbst genäht. Wir hatten auch die gleichen Lackschuhe bekommen. Die roten Strickjacken dazu hatte Mutti auch selbst gemacht.

In der Kirche saß ich zwischen Vati und Mutti in der ersten Reihe. Der kleine Sarg, der jetzt verschlossen war, stand seitlich vom Altar. Ein Meer von Blumen und Kränzen war auf und um den Sarg herum abgelegt worden. Ich fragte mich, ob Elisabeth wohl jetzt in dem dunklen Sarg liegen würde. Das konnte ich mir nicht vorstellen. Bestimmt würde sie als kleiner, unsichtbarer Engel über uns schweben und freundlich in allen Menschen, die sich hier zu ihrer Beerdigung versammelt hatten, eine liebenswerte Erinnerung wecken. Suchend richtete ich meinen Blick zur Decke. Schließlich fanden meine Augen eine große Engelsfigur am Kirchenhimmel. Just in dem Augenblick, als ich sie entdeckt hatte, flatterte ein kleiner gelber Schmetterling von dessen Schulter. Er winkte mir fröhlich mit seinen Flügelchen zu, tanzte mit einer behänden Leichtigkeit über das Meer von Blumen und entschwand durch die geöffnete Kirchentür. So war sie also als kleiner Schmetterling unterwegs. Diese Vorstellung gefiel mir besser, als die, sie in dem dunklen verschlossenen Sarg zu wissen, und sie passte auch viel besser zu dem, was Mutti gesagt hatte, dass sie mit den kleinen Engeln spielen würde.

Inzwischen war Pastor Maler vor die versammelten Trauergäste getreten. Er hielt eine sehr lange und traurige Rede, von der ich vieles nicht verstanden habe. Immer wieder schnäuzten die Leute in ihre Taschentücher. Er hat erst aufgehört zu predigen, als auch ihm ein paar Tränen über die Wangen liefen und er sein Taschentuch hervorholen musste. Als alle zusammen ein Gebet gesprochen hatten, kamen schwarz gekleidete Männer und trugen den kleinen Sarg hinaus. Die Orgel weinte eine leise Abschiedsmelodie. In meiner Brust fühlte ich einen Schmerz, der so groß war, dass ich glaubte, jemand stieß mit einem Messer auf mich ein. Mutti, Vati und ich folgten den Sargträgern.

Langsam gingen wir zu der Grabstelle: ein Haufen Erde und ein tiefes Loch. Nachdem der Pastor ein paar Worte gesprochen hatte, wurde der kleine Sarg in die Gruft herabgelassen. Ich glaube, das war der schlimmste, schrecklichste und schmerzlichste Augenblick in meinem Leben, ich hatte das Gefühl, mir wurde das Herz aus dem Leib gerissen, aber ich blieb stumm. Ich sah etwas, das ich nicht verstand.

## Die Autorin

Renate Folkers, 1950 auf Nordstrand in Nordfriesland geboren, hat mehr als fünfzig Jahre dort, überwiegend in dem kleinen bunten Städtchen Husum gelebt. Heute ist ihr Lebensmittelpunkt Hannover.

Mit dem Schreiben hat sie 2009, mit dem Ausstieg aus dem Berufsleben, begonnen. Mit den Jahren sind etliche Publikationen erschienen: 2014 der Kriminalroman DER TOTE HINTER DEM KNICK, 2016 EIN GRAB AUF SYLT und 2017 ihr erster Kriminalroman, KEEN UTWEG, in plattdeutscher Sprache. Alle drei sind Nordseekrimis.

Ihre Texte in diesem Kurzgeschichtenband sind ein Streifzug durch unzählige Befindlichkeiten in Lyrik und Prosa und ihre liebsten Geschichten aus den letzten zehn Jahren. Sie beschreiben glückseligste Momente, aber auch herbe Schicksalsschläge. Sie bestechen durch die mit Bedacht ausgewählte Tonart, in der sie erzählt werden.

Anfragen für eine Lesung können gerichtet werden an folkers.renate@gmail.com

# Inhalt

Fritz Deppert, **Klagelied winterzu**
ISBN 978-3-943292-57-2, chiliverlag 2017
84 Seiten, EURO 8,90

Fritz Depperts Texte sind Spiegel des Vergänglichen im Warten auf den Wandel der Jahreszeiten – persönliches Abschiednehmen und melancholisches Eintauchen in „traumsüchtigen Winterschlaf" als Hinweis darauf, dass sich dem Kreislauf der Natur niemand entziehen kann.

Klagelied

Nun sind die Blumen verwelkt,
die sie Dir aufs Grab gelegt haben.
Meine Tränen sind nicht getrocknet.
Unsere Liebe sagt mir, warum ich leide.
Aus in den Himmel fackelnden Zypressen
werfen Krähen mir Trauerfedern zu.

Norbert J. Wiegelmann, **Andere Beziehungen**
**Bieder, bissig, bös, bigott – 41 Stories**
ISBN 978-3-943292-58-9, chiliverlag 2017
296 Seiten, EURO 13,90

Außerordentlich dicht sind die Episoden, die Norbert Wiegelmann hier präsentiert. Und zudem in einer höchst angenehmen, niveauvollen Sprache formuliert ... Die Dichte der kleinen Handlungen korrespondiert zudem mit einer ausgesprochen berührenden Atmosphäre. Andreas Thiemann, Westfalenpost

... seine Geschichten: unterhaltsam, wenn auch zuweilen makaber, manchmal düster, dafür aber mit schwarzem Humor, treffend formuliert und gespickt mit Ideen. ... im Stil an den britischen Schriftsteller Roald Dahl [erinnernd] ... Soester Anzeiger